初心与追梦

建设世界一流大学的北大印记

郝 平　龚旗煌　◎主编

北京大学出版社
PEKING UNIVERSITY PRESS

图书在版编目(CIP)数据

初心与追梦：建设世界一流大学的北大印记 / 郝平，龚旗煌主编. —北京：北京大学出版社，2023.4
ISBN 978-7-301-33860-5

Ⅰ.①初… Ⅱ.①郝…②龚… Ⅲ.①北京大学–校史 Ⅳ.① G649.281

中国国家版本馆 CIP 数据核字 (2023) 第 050502 号

书　　　名	初心与追梦：建设世界一流大学的北大印记 CHUXIN YU ZHUIMENG：JIANSHE SHIJIE YILIU DAXUE DE BEIDA YINJI
著作责任者	郝　平　龚旗煌　主编
责任编辑	刘军　于娜
标准书号	ISBN 978-7-301-33860-5
出版发行	北京大学出版社
地　　　址	北京市海淀区成府路 205 号　100871
网　　　址	http://www.pup.cn　　新浪微博：@北京大学出版社
电子信箱	zpup@pup.cn
电　　　话	邮购部 010-62752015　发行部 010-62750672　编辑部 010-62753056
印　刷　者	北京宏伟双华印刷有限公司
经　销　者	新华书店
	720 毫米 ×1020 毫米　16 开本　16.75 印张　250 千字 2023 年 4 月第 1 版　2023 年 10 月第 2 次印刷
定　　　价	68.00 元

未经许可，不得以任何方式复制或抄袭本书之部分或全部内容。
版权所有，侵权必究
举报电话：010-62752024　电子信箱：fd@pup.pku.edu.cn
图书如有印装质量问题，请与出版部联系，电话：010-62756370

《初心与追梦：建设世界一流大学的北大印记》编委会名单

主　　编：郝　平　龚旗煌

编　　委：乔　杰　陈宝剑　王　博　顾　涛

　　　　　孙庆伟　宁　琦　董志勇　张　锦

参编人员：（按姓氏笔画排序）

　　　　　王天天　龙芊良　任羽中　刘　静　孙启明　杜津威

　　　　　李　彤　李　铄　杨　琥　吴　旭　余　浚　邹儒楠

　　　　　张　娜　张　聪　张　鑫　林齐模　罗小廷　周　航

　　　　　赵　颖　贾永刚　柴玥儿　高　雷　郭　鹏　郭雅颂

　　　　　曹　宇　靳　戈　潘聪平

建设中国特色世界一流大学
助力民族复兴中国梦

郝平　龚旗煌

　　建设世界一流大学、助力国家现代化是北京大学创办的初心。这颗初心萌生于中华民族救亡图存的危难关头，跨越三个世纪而毫不褪色，走过百年奋斗而历久弥坚，将北京大学与国家民族的命运紧紧相连。中华民族复兴的伟大进程深刻表明，高等教育是一个国家发展水平和发展潜力的重要标志。2014年5月4日，习近平总书记在北大提出，党中央作出了建设世界一流大学的战略决策，我们要朝着这个目标坚定不移前进；2018年5月2日，习近平总书记在北大深刻阐述了建设中国特色世界一流大学的重大理论和实践问题，为北大和中国高等教育的发展提供了根本遵循。回望建校125年来的筚路蓝缕、砥砺求索，初心不改、矢志追梦始终是北大的昂扬风貌，一代代北大人在追寻北大梦、助推中国梦的奋进之旅上留下了熠熠生辉的印记。

　　1840年鸦片战争后，面对深重的民族危机，中国的进步人士认为西方国家的优势在于"船坚炮利"，开展了洋务运动，引进西方军事装备、机器生产和科学技术。但是，洋务运动并没有帮助中国摆脱被侵略的命运，1895年甲午战败，清政府签订丧权辱国的《马关条约》，洋务运动宣告破产，促使一批仁人志士重新思考振兴民族的道路。国难当头，康有为、梁启超等人认识到，洋务运动倡导的"中学为体，西学为用"不能从根本上解决中国的问题，必须创办新式学堂，培养新式人才，走教育兴国的道路。

为此,康有为等人多次给光绪皇帝上书,建议从国家层面创办一所现代大学,作为救亡图存的关键举措。1898年6月11日,光绪皇帝在天安门城楼颁布了《明定国是诏》,宣告戊戌变法的开始。在这份诏书中,创办京师大学堂的内容占了三分之一篇幅。由梁启超起草的《奏拟京师大学堂章程》提出:"京师大学堂为各省之表率,万国所瞻仰,规模当极宏远,条理当极详密,不可因陋就简,有失首善体制。"大学堂从筹办之初,就确立了宏伟的办学目标。

作为我国第一所国立综合性大学,北大开创了中国最早的文科、理科、社科、农科、医科、工科、师范等现代学科,建立了中国最早的现代学制,创办了最早的现代图书馆,引领了中国现代高等教育的发展。然而,贫败的旧中国和软弱的清政府不能为大学的发展提供良好土壤,京师大学堂虽有宏愿,但只能在艰难困苦中前行。

辛亥革命后,中华民族谋求复兴的历程进入了新的一页,也为北大和中国高等教育的发展带来了新的转机。1912年,京师大学堂更名为北京大学校,著名思想家严复先生担任首任校长。1916年,蔡元培先生出任北大校长,锚定了北大要建设世界一流大学的目标。1918年,在北大建校20周年之际,蔡元培先生在校庆纪念会的演讲中说:"本校二十年之历史,仅及柏林大学五分之一,莱比锡大学二十五分之一,苟能急起直追,何尝不可与为平行之发展。"德国的柏林大学、莱比锡大学代表了当时的世界最高水平,蔡元培先生提出要和这些大学"平行之发展",充分表达了推动北大实现跨越发展的雄心壮志。

在"循思想自由原则,取兼容并包主义"的办学理念下,蔡元培先生邀请了陈独秀、李大钊、胡适、刘半农、钱玄同、鲁迅等有新思想的学者和一批留学回来的科学家到北大任教。这些人才济济一堂,为新北大带来了新知识和新思想,使北大成为新文化运动的中心,为马克思主义在中国的传播和五四运动的爆发奠定了思想基础。陈独秀、李大钊、毛泽东等中国共产党的主要创始人和一些早期著名活动家,正是在北大工作或学习期间开始阅读马克思主义著作、传播马克思主义,并推动了中国共产党的建立。这一时期的奋斗历程，铸就了北大"爱国、进步、民主、科学"的红色基因和"常为新"的精神，使得北大在动荡的战争年代始终保持奋进初心，成为民族发展进步的历史推动者。

然而，1949年以前的中国国力衰弱、社会凋敝、民生多艰，北大虽然一直朝着建设世界一流大学的方向不懈努力，但办学面临重重困难，办学目标也很难实现。

中华人民共和国成立后，党和国家大力发展教育事业，北大迎来了大踏步的发展。在1952年全国高校院系调整中，北大获得了新的发展机遇。经过院系调整后的北大，面向社会主义建设需要，进一步充实了学科体系，大力发展基础学科，并应国家需要陆续兴办半导体物理、原子能、力学等学科，奠定了综合性大学的发展格局。为了满足社会主义建设对人才的需要，北大开展了全方位的教育教学改革，全面修订教学计划、重新梳理课程体系，积极开展教材建设，探索构建社会主义人才培养体系，为国家培养出了于敏、屠呦呦、王选、胡福明、厉以宁等大批创新人才。作为一所综合性研究型大学，北大立足学科特点，积极参与国家重大科研攻坚项目，在"两弹一星"、人工合成牛胰岛素、稀土分离萃取、微电子与集成电路等领域的自主科技创新上做出了突出贡献，探索出了一条服务国家工业化建设与科技创新的道路。

改革开放后，中国高等教育迅速发展，北大也走上了快车道，在"团结起来，振兴中华"的道路上迈出了建设世界一流大学的新步伐。1998年，在庆祝北大建校100周年大会上，江泽民同志提出，"为了实现现代化，我国要有若干所具有世界先进水平的一流大学"，随后，中央启动了"985工程"，建设世界一流大学成为国家战略。北大作为第一批确定的"985工程"高校，更加明确了建设世界一流大学、为社会主义现代化服务的使命。2000年，北大与北京医科大学合并组建为新的北京大学，学校综合实力进一步增强，事业发展不断迈上新台阶。

党的十八大以来，在以习近平同志为核心的党中央坚强领导下，中国高等教育加快推进内涵式发展，北大也在建设中国特色世界一流大学的征程上取得一系列新突破。2018年5月2日,在北大120周年校庆前夕,习近平总书记在北大师生座谈会上指出:"近年来,北大继承光荣传统,坚持社会主义办学方向,立德树人成果丰硕,双一流建设成效显著,服务经济社会发展成绩突出,学校发展思路清晰,办学实力和影响力显著增强,令人欣慰。"这是对北大全体党员、干部和师生员工的极大鼓舞与鞭策。总书记进一步强调,"高校只有抓住培养社会主义建设者和接班人这个根本才能办好,才能办出中国特色世界一流大学",并提出了建设世界一流大学必须抓好的三项基础性工作,即"坚持办学正确政治方向""建设高素质教师队伍""形成高水平人才培养体系"。在这一系列重要论述精神的指引下,北大再接再厉、接续奋斗,紧紧围绕三项基础性工作,进一步开辟了党的建设和"双一流"建设新局面,推动各项事业欣欣向荣,初步实现了几代北大人的光荣梦想,向党和人民交出了合格答卷。

北大125年的发展历程深刻表明,建设世界一流大学,培养世界一流的国家栋梁之才,是近代中华民族的伟大梦想,兴学图强是仁人志士对挽救民族危亡的深刻认识;一所大学只有融入民族复兴的历史进程中,才能发挥它应有的作用,承担起应有的使命;只有在中国共产党领导下,有社会主义制度的保障,坚持社会主义办学方向,建设世界一流大学的事业才能健康稳步快速发展。

追求一流是一个永无止境、不断超越的过程,服务国家是一项永不停歇、不懈奋斗的事业。把北大建成中国特色世界一流大学,是民族复兴伟业的必然要求,是实现第二个百年奋斗目标的时代召唤。今日之中国,大江奔流天地宽,高等教育的发展拥有更加广阔的舞台和机遇。北大将牢记办学初心,聚焦民族复兴的伟大梦想,扎根中国大地办大学,走出一条建设中国特色、世界一流大学的新路,办好世界上"第一个北大",在服务国家、造福人民、胸怀世界的奋进之路上不断谱写自信自强、守正创新、踔厉奋发、勇毅前行的崭新篇章。

目 录

第一章　民族危亡中孕育的国立最高学府(1898—1911)　/1
　一、中国第一所国立综合性大学：京师大学堂的创立　/3
　二、风雨飘摇中的教育星火：京师大学堂的重建　/11
　三、近代中国教育管理体系的革新：建学部重塑学堂系统　/14
　四、现代大学制度体系的构建：大学堂建章立制　/17
　五、开育才取仕新风向：大学堂建进士馆、仕学馆　/23
　六、西学东渐引进现代知识：大学堂兴办译学与留学事务　/26
　七、汇通中西医理济世救人：大学堂筹办医学实业馆　/29
　八、孕育百年树人大计：大学堂兴办师范馆　/31
　九、打造新式教育人才蓄水池：京师大学堂开办预科　/34
　十、古今中西要籍聚于一所：京师大学堂藏书楼的建设　/38
　十一、完全人格首在体育：开办京师大学堂运动会　/42

第二章　觉醒年代中的革新精神与红色基因(1912—1948)　/47
　一、延续国立高等教育文脉："京师大学堂"更名"北京大学校"　/49
　二、中国现代大学制度的先驱：蔡元培推动北京大学改革　/53
　三、推动思想文化革新：北大成为新文化运动中心　/63
　四、推动爱国救亡运动：北大是五四运动的策源地　/68
　五、孕育党的摇篮：北大是中国最早传播马克思主义的发祥地　/71
　六、推动党组织建立：北大是中国共产党最早的活动基地　/78
　七、红楼飞雪：老北大永远的象征　/83

八、学府北辰：西南联大的辉煌　/88
　　九、砥砺出新：艰难环境中的复员之路　/94

第三章　投身社会主义建设的奋斗之路（1949—1978）　/97
　　一、迎接新中国的诞生：中华人民共和国成立初期的北大改革　/99
　　二、确立党对学校的领导：北大完善党组织建设　/107
　　三、赓续五四传统：北大校庆日改在5月4日　/112
　　四、湖光塔影新园区：北大迁入燕园校址　/116
　　五、奠定发展新格局：1952年院系调整　/119
　　六、为新中国育才：北大探索社会主义高等人才培养模式　/125
　　七、向科学进军："国之重器"中的北大力量　/131
　　八、让世界认识中国：谱写来华留学教育新篇章　/136

第四章　改革开放浪潮中的弄潮儿（1978—1998）　/143
　　一、北大青年的爱国热潮　/145
　　二、首批设立博士后流动站　/148
　　三、推进校、院、系三级管理体制改革　/150
　　四、学位授予工作的先行者　/152
　　五、成立全国第一个马克思主义学院　/154
　　六、世纪工程推动世界一流大学建设　/157
　　七、深化教育教学改革，服务改革开放进程　/159
　　八、建立国家重点实验室，大力推进科技创新　/162
　　九、改革开放时期的重大科技创新和思想理论成果　/163

第五章　迈向新世纪的百年学府（1998—2012）　/169
　　一、百年庆典，燕园新貌　/171
　　二、"985工程"启动，建设世界一流大学成为国家战略　/175
　　三、北京大学开展机构改革　/178

四、新世纪之初组建新的北京大学 /180
五、创办北京大学深圳研究生院,打造"南国燕园" /183
六、创新人才培养模式 /187
七、深入推进学科交叉融合发展 /192
八、抗击"非典"的全面胜利 /196
九、繁荣国际交流,用心筑造桥梁 /199
十、在奥运会、残奥会总结表彰会上获多项荣誉 /204

第六章 新时代迈向世界一流的新篇章(2012年至今) /209
一、习近平总书记对北大的亲切关怀 /211
二、当好教育综合改革的先锋队 /218
三、学科建设的创新布局 /220
四、创新教育教学模式,培养时代新人 /224
五、深化师资人事制度改革,打造高素质教师队伍 /226
六、坚持"四个面向",加强有组织的科研 /229
七、党和国家重大活动中的北大师生 /233
八、抗击新冠疫情的先锋队 /238
九、召开第十四次党代会,开启改革发展新篇章 /242
十、在党的二十大精神指引下迈上新征程 /247

后 记 /253

第一章

民族危亡中孕育的国立最高学府
（1898—1911）

一、中国第一所国立综合性大学：京师大学堂的创立

北京大学的前身是创办于1898年的京师大学堂，它是清末戊戌变法的直接产物。在京师大学堂正式设立前，由洋务派主导设立的京师同文馆、维新派组织的强学会（后被清廷变更为官书局）都为大学堂的举办奠定了基础。京师大学堂作为中国第一所国立最高学府，孕育于民族危亡之际，其创办虽几经波折，但从酝酿、筹办再到诞生，它承载着中华民族兴学图强、矢志复兴的梦想与追求。在中华儿女救亡图存的伟大历程中，北京大学的命运始终与国家和民族的命运紧紧相连，在民族复兴的史册上不断书写着教育兴国的奋斗篇章。

鸦片战争后，大批仁人志士开始了上下求索救亡图存的道路。起初，封建地主阶级中的一部分开明人士，如龚自珍、魏源、林则徐等人认为中国败于西方坚船利炮之下，提出"师夷之长技以制夷"的口号。第二次鸦片战争（1856—1860）战败后，洋务派又在"自强""求富"的口号下，主张主动与西方接触，效仿西法。[①]

1862年，专事培育外语翻译人才的京师同文馆在清廷的批准下成立，它后来成为京师大学堂最早的一部分。同文馆的开办源于洋务派代表恭亲王奕䜣等人，他们联名奏请设立总理各国事务衙门，统管外交事

---

① 萧超然，等.北京大学校史：1898—1949[M].增订本.北京：北京大学出版社，1988:1-5.

务,并在总理衙门领导下设立专门机构,培养外语人才。① 1866年,洋务派日益感到国内科技人才匮乏,便上奏朝廷,请求允许同文馆新增天文馆和算学馆。② 然而,这个建议甫一提出,就遭到了顽固派的激烈反对。对此,洋务派据理力争,指出:"夫中国之宜谋自强,至今日而已亟矣!识时务者莫不以采西学制洋器为自强之道。"③清廷最终批准了同文馆增设天文馆、算学馆,后又逐步批准扩充了各种自然科学课程,同文馆成为一所培养外语和自然科学人才的专科学校。

从1862年设立到1902年并入京师大学堂,四十年间,京师同文馆从一个语言学堂,逐步发展成为一个多学科、综合性的高等学堂。虽然洋务派创办同文馆的目的是为了巩固其封建统治,但此举推进了西方近代文化在中国的传播,使中国的传统教育朝着现代化迈进了一步,为日后京师大学堂等一批高等学府的创办积累了经验。

不过,洋务运动没有从根本上实现自强、求富的理想。甲午战争失败后,中国面临更严峻的亡国危机。以康有为为代表的新一代变法维新者走到了台前。

维新派认为,要救亡图存,只有学习外国,维新变法,一切的根本在于废科举、兴学校。梁启超提出,"变法之本,在育人材,人材之兴,在开学校,学校之立,在变科举"。④ 康有为对八股取士的科举制度尤为痛恨。他曾对光绪帝说,"中国之割地败兵也,非他为之,而八股致之也。故臣平生论政,尤痛恨之";"今变法之道万千,而莫急于得人材,得才之道多端,而莫先于改科举";"当此绸缪未雨之时,为兴学育才之事,若追亡救火之急,犹恐其不能以立国也"。⑤

事实上,这股"兴学之议"自鸦片战争以后就已经出现,至甲午海战

---

① 郝平.北京大学创办史实考源[M].修订版.北京:北京大学出版社,2008:16-17.
② 同上书:24-25.
③ 郑小平.西学与中国传统文化及教育观念的冲突:关于京师同文馆的一场辩论[J].吉林省教育学院学报,2018(4):34.
④ 萧超然,等.北京大学校史:1898—1949[M].增订本.北京:北京大学出版社,1988:7.
⑤ 同上.

后,关于废科举、兴办新式教育的呼声更是达到了高潮。1895年6月,《马关条约》签订后不久,顺天府尹胡燏棻便上书清廷,请旨裁改书院,开设学堂。他指出,如今力图自强的方法,"首在筹饷,次在练兵,而筹饷练兵之本源,尤在敦劝工商,广兴学校","泰西各邦,人材辈出,其大本大源,全在广设学堂",而中国的书院义塾,仍在学习那些于富国强国毫无用处的八股、试贴、诗赋、经义。因此,他建议清廷命令各省督抚,"务必破除成见,设法变更,弃章句小儒之习,求经济匡世之材。应先举省会书院,归并裁改,创立各项学堂……然后由省而府而县,递为推广,将大小各书院一律裁改,开设各项学堂"。①

1895年8月,康有为、梁启超等在北京组织"强学会",宣传维新变法思想,培养和团结通晓西学的知识分子,以开风气而挽世变。次年初,李鸿章的亲信、御史杨崇伊上书弹劾强学会"私立会党,将开处士横议之风",慈禧太后据此强迫光绪帝下令封闭强学会。不久后,在接近维新派的帝党——御史胡孚辰、翁同龢的努力下,清廷决定将强学会改为官书局,延聘通晓中西学问的洋人为教习,教授各种西学,又派吏部尚书孙家鼐任官书局督办。孙家鼐受命后,与原办书局诸臣悉心筹划,于1896年2月21日拟定7条章程,奉旨遵办。这7条章程,亦成为日后创办京师大学堂的蓝图。②

为进一步推动清廷兴学育才,1896年6月,刑部左侍郎李端棻向光绪帝上了一道《请推广学校折》(一说该奏折由梁启超代为起草),首次正式提议设立"京师大学"。李端棻在奏折中指出,目前全国各地开办的学堂只教语言,却不教授西方富强的本原道理,以致国家没有奇才异能者可用,因此应当"自京师以及各省府州县皆设学堂",并主张"京师大学,选举贡监生年三十以下者入学,其京官愿学者听之。学中课程,一如省学,惟益加专精,各执一门,不迁其业,以三年为期。其省学、大学所课,门目繁

---

① 北京大学校史研究室.北京大学史料:第1卷 1898—1911[M].北京:北京大学出版社,1993:5-6.
② 郝平.北京大学创办史实考源[M].修订版.北京:北京大学出版社,2008:100-104.

多,可仿宋胡瑗经义、治事之例,分斋讲习,等其荣途,一归科第,予以出身,一如常官。如此,则人争濯磨,士知向往,风气自开,技能自成,才不可胜用矣"。① 李端棻还在奏折中提出在京师大学之外辅设藏书院、仪器院、译书局、报馆并选派学徒游历等五项措施。

总理衙门在1896年7月13日的《议复左侍郎推广学校折》中也肯定了李端棻的奏折,并建议:"至该侍郎所请于京师建设大学堂,系为扩充官书局起见,应请旨饬下管理书局大臣察度情形,妥筹办理。"② 光绪听取了总理衙门的意见,即命官书局督办孙家鼐先从扩充官书局开始,筹划在京师设立新式大学堂的事宜。这表明,京师大学堂的筹备早在1896年7月就已经开始。③

1898年年初,时局日益恶化。1月29日,康有为向光绪皇帝呈递《上清帝第六书》,即著名的《应诏统筹全局折》,建议效仿日本明治维新,变法图强。他在其中又一次提出"自京师立大学,各省立高等中学,府县立中小学及专门学"。④ 2月15日,御史王鹏运也奏请开办京师大学堂。但顽固派仍然继续敷衍拖延,不予执行。6月6日,康有为再次给光绪帝上书(《请定国是而明赏罚折》),请求光绪皇帝下定变法决心。1898年6月11日,光绪皇帝在征得慈禧太后的同意后,颁布了《明定国是诏》,拉开了戊戌变法的序幕。这篇改革变法的宣言用了三分之一的篇幅谈论创办京师大学堂,且将成立一所现代化大学堂视为变法之首:

> 数年以来,中外臣工讲求时务,多主变法自强。迩者诏书数下,如开特科,裁冗兵,改武科制度,立大小学堂,皆经再三审定,筹之至熟,甫议施行。惟是风气尚未大开,论说莫衷一是,或托于老成忧国,以为旧章必应墨守,新法必当摈除,众喙哓哓,空言无补。试问今日时局如此,国势如此,若仍以不练之兵,有限之饷,士无实学,工无良

---

① 北京大学校史研究室.北京大学史料:第1卷 1898—1911[M].北京:北京大学出版社,1993:20-21.
② 同上书:23.
③ 郝平.北京大学创办史实考源[M].修订版.北京:北京大学出版社,2008:108.
④ 康有为.康有为全集:第4集[M].增订本.北京:中国人民大学出版社,2020:19.

师,强弱相形,贫富悬绝,岂真能制梃以挞坚甲利兵乎?

朕惟国是不定,则号令不行,极其流弊,必至门户纷争,互相水火,徒蹈宋明积习,于时政毫无裨益。即以中国大经大法而论,五帝三王不相沿袭,譬之冬裘夏葛,势不两存。用特明白宣示,嗣后中外大小诸臣,自王公以及士庶,各宜努力向上,发愤为雄,以圣贤义理之学,植其根本,又须博采西学之切于时务者,实力讲求,以救空疏迂谬之弊。专心致志,精益求精,毋徒袭其皮毛,毋竞腾其口说,总期化无用为有用,以成通经济变之才。

《明定国是诏》

(图片来源:北京大学档案馆、校史馆)

京师大学堂为各行省之倡,尤应首先举办,着军机大臣、总理各国事务王大臣,会同妥速议奏,所有翰林院编检、各部院司员、大门侍卫、候补候选道府州县以下官、大员子弟、八旗世职、各省武职后裔,其愿入学堂者,均准入学肄习,以期人材辈出,共济时艰,不得敷衍因循,徇私援引,致负朝廷谆谆告诫之至意,将此通谕知之。①

诏书颁布后,支持变法者为之欢欣鼓舞,各项变法措施加紧推进。

---

① 北京大学,中国第一历史档案馆.京师大学堂档案选编[M].北京:北京大学出版社,2001:16.

1898年6月16日，光绪皇帝在颐和园召见康有为。康有为就改革八股考制的问题发表了自己的意见："今日之患，在吾民智不开，故虽多而不可用。而民智不开之故，皆以八股试士为之。学八股者，不读秦、汉以后之书，更不考地球各国之事，然可以通籍累致大官，今群臣济济，然无以任事变者，皆由八股致大位之故。"①次日，光绪皇帝即命总理衙门草拟了废除八股的谕旨，并于6月23日正式下诏宣布废除八股。6月26日，光绪皇帝再次下谕，严词敦促加紧京师大学堂的开办工作："兹当整饬庶务之际，部院各衙门承办事件，首戒因循。前因京师大学堂为各省之倡，特降谕旨，令军机大臣、总理各国事务王大臣会同议奏，即着迅速复奏，毋再迟延。其各部院衙门，于奉旨交议事件，务当督饬司员，克期议复。倘再仍前玩愒，并不依限复奏，定即从严惩处不贷。"②

这道谕旨一下，军机处大臣和总理衙门大臣们前去请康有为帮助起草大学堂章程。康有为将起草大学堂章程一事委托给梁启超。梁启超参考英、美、日等国的大学学制，经反复斟酌，代总理衙门制定出京师大学堂章程，康有为做了审定。这是京师大学堂的第一个办学章程，也是中国近代高等教育最早的学制纲要，共八章五十四条，史称《奏拟京师大学堂章程》。其中规定大学堂办学方针为"中学为体，西学为用"，"中西并用，观其会通，无得偏废"。课程分普通学和专门学两类，以经学、理学、中外掌故学、诸子学、初级算学、初级格致学、初级政治学、初级地理学、文学、体操学为普通学科；以各国语言文字学、高等算学、高等格致学、高等政治学（法律学归此门）、高等地理学（测绘学归此门）、农学、矿学、工程学、商学、兵学、卫生学（医学归此门）为专门学科。普通学科各门为全体学生所必学，专门学科由学生任选一门或两门。学生凡在二十岁以下者，必须认习一门外语，二十一岁以上者，可以免修外语。学生暂以五百人为额，分为头班、二班两班。入学后先编入二班学普通学科，普通学科学完后升入头

---

① 康有为.康南海自编年谱（外二种）[M].北京：中华书局，1992：43.
② 北京大学校史研究室.北京大学史料：第1卷 1898—1911[M].北京：北京大学出版社，1993：43.

班,学专门学科。另设师范斋,并附设中小学。章程还规定"各省学堂皆归大学堂统辖"。①

1898年7月3日,总理衙门将梁启超起草的大学堂章程与《筹办京师大学堂并拟学堂章程折》一并向光绪皇帝呈递,并提出"拨专款""拨官地""派大臣""精选总教习"四项请求。光绪帝在批准京师大学堂章程的同时,委派吏部尚书、官书局督办孙家鼐为管学大臣,主持开办京师大学堂,并命原官书局并入京师大学堂,由孙家鼐督率管理。官书局从此承担起京师大学堂筹备机构的角色。② 至此,酝酿多年的京师大学堂的筹建工作终于走上正轨。

孙家鼐像

(图片来源:北京大学档案馆、校史馆)

---

① 北京大学校史研究室.北京大学史料:第1卷 1898—1911[M].北京:北京大学出版社,1993:81-87.
② 郝平.北京大学创办史实考源[M].修订版.北京:北京大学出版社,2008:125-127.

随着时局的发展,维新派和顽固派都认识到了创办新式学堂的重要性,因此,大学堂的筹办工作加紧进行。在人选方面,经孙家鼐推荐,清廷任命许景澄为大学堂中学总教习,丁韪良为西学总教习。在校舍方面,1898年7月20日,光绪皇帝批准将地安门内马神庙和嘉公主旧第作为临时校舍,并略加扩充,由总管内务府大臣负责修葺。在经费方面,当时拟定大学堂开办经费为三十五万两,常年用款为二十万零六百三十两。

1898年9月21日,慈禧太后发动政变,以"训政"名义重掌政权,光绪帝被囚禁,戊戌变法宣告失败。但京师大学堂"以萌芽早,得不废",由孙家鼐继续负责筹办。11月22日,内务府将地安门内马神庙和嘉公主旧第修葺后,移交管学大臣孙家鼐接收。12月31日,京师大学堂正式开学,在民族复兴的进程中树立了教育兴国的里程碑。

京师大学堂匾额

(图片来源:北京大学档案馆、校史馆)

二、风雨飘摇中的教育星火:京师大学堂的重建

京师大学堂创办初期并不顺利。1899年7月17日,孙家鼐因朝中顽固派批评其办学措施而心情抑郁,加之对慈禧囚禁光绪心怀不满,遂称病告假。慈禧便任命吏部右侍郎、原京师大学堂中学总教习许景澄代替孙家鼐,暂时管理京师大学堂事务。① 1900年夏天,发生了义和团在北京焚烧教堂、八国联军由天津进攻北京等事件,7月1日,许景澄奏请朝廷暂行裁撤大学堂:"现在京城地面不靖,住堂学生均告假四散。又该大学堂常年经费,系户部奏明在华俄银行息银项下拨给。现东交民巷一带,洋馆焚毁,华俄银行均经毁坏……此时无从支银,以后用费亦无所出……应请将大学堂暂行裁撤。"②

京师大学堂很快在许景澄的建议下暂行停办,其医学堂等也一并停办。8月15日,俄国兵和德国兵先后占领学堂作为兵营,看守人员四处逃散。大学堂的房屋遭到严重毁坏。学堂内所存的书籍、仪器、家具、案卷等物品也都被毁坏。1900年8月3日,慈禧太后下令停办京师大学堂。自此,京师大学堂被迫停办长达两年。③

大学堂虽然暂时停办了,但关于"兴学育才"的讨论却从未停止。《辛丑条约》签订后,废科举、兴学校、培育新式人才又成为清廷的中心议题。1902年1月10日,国内局势稍加缓和后,清廷便下谕,命刑部尚书张百熙为管学大臣,负责京师大学堂的全面恢复工作:"兴学育才,实为当今急务。京师首善之区,尤宜加意作养,以树风声。从前所建大学堂,应即切实举办。着派张百熙为管学大臣,将学堂一切事宜,责成经理,务期端正趋向,造就通才,明体达用,庶收得人之效。应如何核定章程并着悉心妥

---

① 郝平.北京大学创办史实考源[M].修订版.北京:北京大学出版社,2008:137-142.
② 同上书:143.
③ 同上书:144.

议,随时具奏。"1902年1月11日,为壮大京师大学堂,慈禧又颁发了将京师同文馆归并入京师大学堂,一并由张百熙统管的上谕。①

张百熙像

(图片来源:北京大学档案馆、校史馆)

张百熙上任后,调研了大学堂的现状,向慈禧太后递交了《奏筹办京师大学堂情形疏》,对大学堂的建制、校舍、附属机构、书籍仪器、办学经费等提出了详细的设想。张百熙认为,如今再讨论兴办大学堂,应当以开拓为第一要务,因此应当暂缓设立大学本科,而先办预备科,为本科做准备。除预备科外,另设速成馆,以培养紧急人才。速成馆又分为仕学馆与师范馆。凡京员五品以下,八品以上,以及外官候选,暨因事留京者,道员以下,教职以上,都可以考入仕学馆。举、贡、生、监等,都可以考入师范馆。大学堂的校舍、经费都应当在原先的基础上有所增加。此外,由于八国联军的破坏,原京师大学堂的图书、仪器设备等已荡然无存,应当想方设法购置:"查大学堂去岁先被土匪,后住洋兵,房屋既残毁不堪,而常中所储

---

① 郝平.北京大学创办史实考源[M].修订版.北京:北京大学出版社,2008:144-145.

书籍仪器,亦同归无有。""查近来东南各省,如江南、苏州、杭州、湖北、扬州、广东、江西、湖南等处官书局,陆续刊刻应用书籍甚多,请准由臣咨行各省,将各种调取十余部不等。此外民间旧本时务新书,并已译未译西书,均由臣择定名目,随时购取,归入藏书楼,分别查考翻译。"①

张百熙关于恢复办学的上述建议得到了慈禧的首肯,京师大学堂的各项恢复工作有条不紊地开展起来。1902年8月15日,由张百熙主持制定的一套从小学到大学的学堂章程,颁行各省,称《钦定学堂章程》。这是中国近代史上第一个由政府正式颁布的学制系统,也是第一个系统完备的学制。其中《钦定京师大学堂章程》是京师大学堂历史上的第二个办学章程,明确规定大学堂的办学宗旨为"激发忠爱,开通智慧,振兴实业","端正趋向,造就通才"。1902年10月,京师大学堂藏书楼设立,由管学大臣咨行各省官书局,将已刻经史子集及时务新书,每种提取数部送京师大学堂,书款由各省书局项下报销。同时,还设立了译书局和编书处,译书局负责编译有关西学方面的课本和资料,编书处负责编辑有关国学方面的教材。② 当时各省书局都积极支持。此外,大学堂还通过外国教习从欧美日本等地购进各类科技图书。

在张百熙的努力下,京师大学堂于1902年12月17日再次开学。1951年之前,北大都将12月17日这天作为校庆日。大学堂重新开办后,引发了有识之士对当时中国教育改革的关切。朝中大臣纷纷上书,对废除科举、广兴学校提出种种建议。时局所迫,清廷接受了朝臣的建议,批准所有乡会试一律停止,各省岁科考试亦即停止,彻底废除了中国历史上绵延千年的科举制度,掀开了中国近代教育史的新篇章。

京师大学堂在中国近代教育史上开创了诸多第一,它创办后的实际教育效果及办学影响,直接影响了中国近代大学的发展。

---

① 北京大学校史研究室.北京大学史料:第1卷 1898—1911[M].北京:北京大学出版社,1993:54.
② 萧超然,等.北京大学校史:1898—1949[M].增订本.北京:北京大学出版社,1988:17-18.

三、近代中国教育管理体系的革新:建学部重塑学堂系统

要在中国兴办现代教育,培养富国强民的现代化人才,必须从根本上改革整套基于科举考试而建立起来的旧学制。京师大学堂重建后,废除科举、建立现代学制,是对中国教育发展的重大贡献。

1905年9月2日,袁世凯、赵尔巽、张之洞、周馥、岑春煊、端方等人奏请废科举,"文明之邦,强盛之源,亦孰不基于学校",应"广学育才,化民成俗"。他们呼吁,"宸衷独断,雷厉风行,立沛纶音,停罢科举"。① 光绪皇帝准谕,自丙午科为始,所有乡会试一律停止,各省岁科考试亦即停止。至此,实行了一千多年的科举制度遂告终止。

科举停办后,国家就面临着如何在新的体系下培养和选拔人才的问题,尽管有京师大学堂作为"各行省之倡"几经曲折举办了起来,并开始从各省学子中遴选英才,进行培养,但距离戊戌变法时整个学堂体系的设想,仍有很大差距。科举停办后,学堂"事体尤为繁重"②,整个学堂系统构架亟待建设与调整。早在1898年,康有为在《请开学校折》中就提出过设立学部、统一管理全国教育的设想。随着科举的停办,又有很多官员开始重提此事。1905年10月12日,山西学政宝熙上折奏报了学堂系统在科举停办之后面临的重重问题,建议速行设立学部。学部的设立既是对从汉代以来的官学传统的继承,"上师三代建学之深意",也是对日本等国现代化教育行政体系的学习,"近仿日本文部之成规",以为国家遴选通才,探求教育改良革新的路径,主持全国学堂事务,以起到"纲举目张"的作用。③ 12月6日,根据政务处、学务大臣议复宝熙奏请,光绪帝令设立

---

① 朱寿朋.光绪朝东华录:第5册[M].张静庐,等,点校.北京:中华书局,1958:5390-5393.
② 北京大学校史研究室.北京大学史料:第1卷 1898—1911[M].北京:北京大学出版社,1993:137-138.
③ 朱寿朋.光绪朝东华录:第5册[M].张静庐,等,点校.北京:中华书局,1958:5409-5410.

学部,总理全国教育事务,并将上承太学传统的国子监归并到学部,并谕:"国子监即古之成均,本系大学,所有该监事务,着即归并学部。"①学部为总汇各省学务之区,创办伊始即承担着"兴学育才"的使命,责任重大,因此光绪谕示"务当悉心考核,加意培养",以期"敦崇正学,造就通才"②,在朝廷建学明伦,振兴全国学务,广育天下人才。学部成立后,各省改"学政"为"提学使司",府、州、县设立"劝学所"③,作为地方教育的行政机关。自此,传承千年的旧学制被废除,推动近现代教育的新学制确立起来。

随着学部的建立,高等教育体系的建设也日趋完善,学务大臣开始参照日本及欧洲国家的高等教育模式,筹办分科大学建设事宜。1908年8月16日,张之洞与戴泽等"内顾物力之艰难,远维树人之大计"④,认为"分科大学实难缓办",故学部奏设分科大学,以资京师大学预科学生深造:"查分科大学列为八科,经学、法政、文学、医科、格致、农科、工科、商科,皆所以造就专门之人才,研究精深之学业,次第备举不可缺一。所有分科大学开办经费及常年经费,允宜指定的款,分年筹办,以宏造就。"⑤学部对于分科大学的校址也做了详细勘察:"查德胜门外校场地方,前经臣部奏蒙恩准拨为分科大学之用……以之建造经、法、文、医、格致、工、商等七科,均属敷用。"因此选定了德胜门外黄寺的旧操场作为法政科、文学科、格致科、工科四科分科大学地址。然而由于农科大学有其办学条件要求,"应以附近林麓河渠之地为宜,该处地势高旷,林泉缺乏,不甚合用",又另外寻定了可以让农科学生从事实践的场所,"查有阜成门外望海楼地方苇塘官地,约计十六七顷……堪为农事试验场之用","拟恳天恩允准,

---

① 北京大学,中国第一历史档案馆.京师大学堂档案选编[M].北京:北京大学出版社,2001:292.
② 同上.
③ 朱有瓛,戚明秀,钱曼倩,等.中国近代教育史资料汇编:教育行政机构及教育团体[M].上海:上海教育出版社,2007:43-47.
④ 王学珍,张万仓.北京高等教育文献资料选编:1861—1948[M].北京:首都师范大学出版社,2004:240.
⑤ 同上.

赏给臣部作为开办农科大学之用"①,显示出当时的学部在设置分科大学时即尊重学科发展规律,重视学生实践技能的培养。

京师大学堂农科大学校门

(图片来源:北京大学档案馆、校史馆)

选定场地后,分科大学的建设就很快推动起来。1909年4月15日,学部选定了各分科大学的监督,奉旨依议,包括:经科大学监督柯劭忞、法政科大学监督林棨、文科大学监督孙雄、医科大学监督屈永秋、格致科大学监督汪凤藻、农科大学监督罗振玉、工科大学监督何燏时、商科大学监督权量。② 1910年3月25日,京师分科大学规模粗具,中外各科教员均已到堂,也对到升学年限的预备科学生进行了考核,按照相应学科进行了录取。1910年3月31日,京师大学堂分科大学行开学礼,设经科、文科、法政科、农科、格致科、商科、工科共七科十三门,其中,法政科、农科等学科都是中国最早的专科大学。此外,师范、医学等专业性较强的学馆也转为分科大学分办。

---

① 王学珍,张万仓.北京高等教育文献资料选编:1861—1948[M].北京:首都师范大学出版社,2004:241.
② 潘懋元,刘海峰.中国近代教育史资料汇编:高等教育[M].上海:上海教育出版社,2007:39-40.

四、现代大学制度体系的构建:大学堂建章立制

历史上,京师大学堂曾有过三个重要的建校章程,包括梁启超1898年执笔的《奏拟京师大学堂章程》,1902年大学堂恢复办学后,由张百熙撰写的《钦定京师大学堂章程》,此外,还有1904年由张之洞会同张百熙、荣庆重新拟订的《奏定大学堂章程》(后一般称为《奏定京师大学堂章程》)。这些章程内容不断完善、细化,对不同时期的大学堂建设具有重要意义。

《奏定京师大学堂章程》内页复制件

(图片来源:北京大学档案馆、校史馆)

以张百熙拟订的《钦定京师大学堂章程》为例。此章程规定大学堂设立之目的为"激发忠爱,开通智慧,振兴实业",以"端正趋向,造就通才"为"全学之纲领",其中包括大学堂章程八章八十四节,针对草创时期的大学堂"略存体制,仍多未尽事宜",制订了更为详尽的建设方案,并根据救亡图存之需作出一定调整。比如,由于当时没有应入大学学习的高等学堂毕业生,因而大学堂暂且不设专门(正科),而先办预备科。预备科分政、艺两科。政科包括经史、政治、法律、通商、理财等,艺科则包括声、光、电、化、农、工、医、算等;预科学制三年,学生毕业后考试及格者,升入大学正科。该章程还规定了功课的课程门目表、分年表、一星期时刻表,学生入学、出身,学堂设官、聘用教习,以及堂规、建置等方面条例细则。①

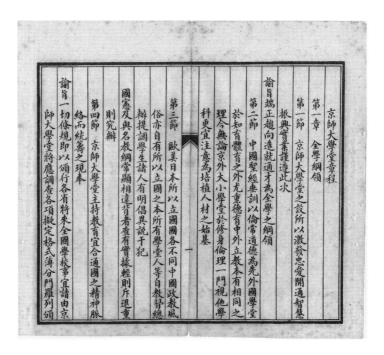

张百熙主持拟订的《钦定京师大学堂章程》

(图片来源:北京大学档案馆、校史馆)

① 萧超然,等.北京大学校史:1898—1949[M].增订本.北京:北京大学出版社,1988:16-19.

以该章程为纲,京师大学堂在办学实践中逐步制定了《京师大学堂规条》三十一条、《京师大学堂禁约》二十六款、《大学堂考选入学章程》等制度,京师大学堂的附属机构师范馆、译书局、编书处等也设置了各自的章程,建构起大学堂规章制度的完整体系。

京师大学堂办学初期,一定程度上受到清末书院陈腐风气的影响,具有因循守旧的流弊,由于"处物竞之时代,求战胜于人群,非有所约束之督迫之,无以日即于文明,则无以存立于强大"①,为促进京师大学堂的运转进入新式教育的现代轨道,各类条规的制定也被提上日程。1899年1月,《京师大学堂规条》三十一条颁布实行,其中对各种礼仪、作息时间、斋舍、入学条件、分班、功课考核等均作了规定。如关于作息时间,规定夏季辰初上堂,午初散堂;冬季辰正上堂,午正散堂。每日用膳时刻,夏季午正早饭,酉正晚饭;冬季午初早饭,酉初晚饭。关于斋舍,规定学生约分十人为一斋,同时每斋由本斋学生公举斋长一人,如学生有犯学规各事,由斋长据实举发,其有包庇与诬告者,一经查出,反罪斋长。② 功课考核方面,规定一月两课,分制艺试贴为一课,策论为一课,由管学大臣、总教习出题,提调、分教习轮班监视,交卷后评定甲乙;学生除了月课,还要每日分经义、史事、政治、时务四条完成札记,要求自抒己见而非以文幅长短为评判标准,次日上堂呈分教习评阅。在分班方面,则以中西学的掌握情况为标准,规定凡中学已通而西学又知门径者作为头班,中学已通而西学不知门径者作为二班,仅通中文而未通中学者作为三班。

1899年3月,《京师大学堂禁约》二十六款公布施行,对学生的言行、尊师、请假、卫生等方面违反禁约给予记过或斥退等作了详细规定。学生出入校"必有稽查",设立一簿记,出入皆登记时刻;学生每月有三日假期,在此之外缺课超过十日以上记大过,无故旷课三日以上、例假外超过二日以上皆记过。在衣着方面,该禁约要求学生必须盥洗洁净,衣服整齐,若

---

① 北京大学校史研究室.北京大学史料:第1卷 1898—1911[M].北京:北京大学出版社,1993:212.
② 同上书:209.

使随意污秽,也要记过,屡犯者斥退。在举止方面,严禁言语淆乱、咳唾便溺不择地而施,若吸食洋烟、酗酒、赌博、争詈、殴斗、侮慢师长、不受约束等也会受到惩罚甚至斥退。①

1904年颁布的《京师大学堂详细规则》对学生起眠、膳食、授课、休息的时间安排进一步细化,规则适用的对象范围扩大至教务处、庶务处、支应处、文案处、杂务处、斋务处、监学处和监察处,并对自习室、憩息室、食堂、储藏室、盥洗室等公共场所的使用作出要求;该规则同时还设置了"勤学立品记分规则",每人每月有勤学、立品各80分,根据考试、到课情况以及言语、容止、行礼、作事、交际、出游情况记大小功过,分别加减分数。②

随着大学堂建设日趋完备,下设各类学馆人才培养重点不一,堂训规条根据不同的教学情境和生源条件有所变通,与之相适应的制度条例随之颁行。1902年,为速成仕学、师范两馆学生,管学大臣张百熙制定《京师大学堂堂谕》,其中包括《京师大学堂堂舍规条》十七条、《京师大学堂仕学院师范馆教习注意条规》六条、《京师大学堂仕学院师范馆讲堂条规》九条、《京师大学堂仕学院师范馆讲堂事务员职务条规》五条、《京师大学堂提调职务规条》,对学生、教习、学堂职员等职责规矩、权利义务作出了详细规定。如要求学生一律住居寄宿舍,起床时间为春分后六点钟、秋分后七点钟,就寝时间为春分后九点钟、秋分后十点钟;各教习每学期开课之前须作"授业预定书",每学期毕课之后须作"授业报告书",并分别呈递总正教习;开课毕课皆以发梆为号,课间休息十五分钟等。③ 1903年颁布的《京师大学堂光绪癸卯重订规条》则更为细致周备,其序言中指出学堂由学业与法律构成,强调"讲肄科学为学业之主义"与"厘定条规为法律之主义"④并重,其中补充《全堂通行条规》五节,完善《汉洋教习职务条规》至三十七节、《讲堂事务员职务条规》至十七节、《讲堂条规》至十四节、《寄宿

---

① 北京大学校史研究室.北京大学史料:第1卷 1898—1911[M].北京:北京大学出版社,1993:211.
② 同上书:229.
③ 同上书:212.
④ 同上书:215-216.

舍条规》至十九节,增加《堂提调职务条规》十六节、《斋长职务条规》十节、《班长职务条规》十三节、《讲堂日记条规》六节、《考试条规》十四节、《饭厅条规》八节、《学生记过条规》四十九节、《学生陈事条规》十八节、《听讲员条规》十五节,涉及学生和学堂职员令行禁止的各个方面乃至细节,如《饭厅条规》规定:每桌以八人为额,每桌首坐或教习或堂提调,余七坐均为学生坐次;无论教习学生,齐同入坐,齐同举箸,齐同散坐,不得紊乱。《学生记过条规》还具体陈列了应予记过、记大过、开除的各种情况。

京师大学堂重视兴学育才备国家任使,以求富强致治,自然面临如何择优录取和考核学生的问题。为此,1902年,大学堂拟定《考选入学章程》。其中包括《预备科考选入学章程》九节、《速成仕学馆考选入学章程》十一节、《速成师范馆考选入学章程》七节。章程规定预备科招生途径有二,一是由各省咨送应考,二是由大学堂招考;考试科目有中文论著、英文论著、翻译、中外历史、舆地及地文地质、算术及代数、几何及三角、物理及化学矿学、名理及法律学等九门;速成仕学馆的考生由各部院衙门堂官"咨送前来听候定期考试"①,考试科目有史论、舆地策、政法策、交涉策、算学策、物理策、外国文论等七门;速成师范馆考修身伦理大义、教育学大义、中外史学、中外地理学、算学比例开方代数、物理及化学、浅近英文论、日本文论等八门;以上考试各科,得十分之六以上为及格,如有一门得零分则不及格,不及格者不予录取。

在京师大学堂初建时(1898),清政府即要求所有原设官书局及新设之译书局均并入大学堂,承担翻译西学书籍,研究、编纂、发行讲义课本等各学堂应用教材诸工作。围绕《奏拟京师大学堂章程》和大学堂的建设发展与制度沿革,师范馆、译书局、编书处等也设置了各自的章程。1898年8月16日,光绪帝奏准梁启超所拟译书局章程,以备博选通才,益宏搜讨。梁启超在《奏拟京师大学堂章程》的基础上拟定章程十条,并提出关于学堂教材内容编写更为详尽的构想,如分门纂译普通学之书;仿效泰

---

① 北京大学,中国第一历史档案馆.京师大学堂档案选编[M].北京:北京大学出版社,2001:169.

西、日本学校修身科,分类纂辑宋明诸贤语录文集名言作为理学门功课书;将中国历代沿革得失与各国制度异同作为掌故学教材的两大主要内容。译书局章程还规定,所编教材除了作为大学堂用书,还应送至各省学堂,其余则"贱价廉售"。①

《奏拟京师大学堂章程》

(图片来源:北京大学档案馆、校史馆)

《奏拟京师大学堂章程》规定必须修习的中国学问和选修的西学两类,相应的教科书由大学堂编书处和译书局分别编辑、译述,此二机构的章程也在1902年分别编定完成。《京师大学堂编书处章程》二十条规定了编纂宗旨、分纂各员、各科课本的编选等内容,要求以"端正学术,不堕畸邪;归于有用,无取泛滥;取酌年限,合于程途;博采群言,标注来历"为

---

① 王学珍,张万仓.北京高等教育文献资料选编:1861—1948[M].北京:首都师范大学出版社,2004:83.

宗旨,按照中小学课程门目分类编纂经学、史学、地理、修身伦理、诸子、文章、诗学七类课本;要求在抉择精严、采览宏富的基础上完成编纂工作,同时兼采宿儒通识、游学高材纂著译述之本以借补缺遗。① 《京师大学堂译书局章程》三十三条则包含了设员、局章、薪俸、领译合约、章程条说等内容,要求以"开瀹民智不主故常,敦崇朴学以教贫弱,借鉴他山力求进步,正名定义以杜杂庞"为编译宗旨,将翻译外国通行教科书作为当务之急;教科书分小学、中学二等,包括地舆、西文律令、布算、商功、几何、代数、三角、电磁、化学、理财、解剖等三十八门,分属统挈科学、间立科学、及事科学三科,由译员认领并立合同约限缴稿;薪水由所译之书难易长短而定,并根据翻译是否"需时敏捷,文笔通达"而酌情增减;在教科书之外,凡切于民生、关于国计、有补于民智者,也均在鼓励翻译之列。②

五、开育才取仕新风向:大学堂建进士馆、仕学馆

早在京师大学堂创办初期,大学堂的第一任管学大臣孙家鼐在《筹办大学堂情形折》(1898年6月22日)中就提出过为"进士、举人出身之京官"③设立仕学院的建议。当时的考虑是,这些科甲出身的人已经比较精通中学,可以直接进入大学学习专业门类的西学,同时继续精进中学,达到贯通中西的效果,"学政治者归吏部,学商务、矿物者归户部,学法律者归刑部,学兵制者归兵部及水陆军营……俾所学与所用相符,冀收实效"。④ 这里所说的"仕学院",就是后来成立的仕学馆。

1902年,京师大学堂于战乱后重新恢复办学。鉴于当时国家急需人

---

① 王学珍,张万仓.北京高等教育文献资料选编:1861—1948[M].北京:首都师范大学出版社,2004:125.
② 同上书:123-124.
③ 北京大学校史研究室.北京大学史料:第1卷 1898—1911[M].北京:北京大学出版社,1993:47.
④ 同上书:47.

才,管学大臣张百熙在《筹办京师大学堂情形疏》中,再次提出设立仕学馆的建议:"速成科亦分二门:一曰仕学馆,一曰师范馆。凡京员五品以下八品以上,以及外官候选,暨因事留京者,道员以下教职以上,皆准应考,入仕学馆。""仕优则学",仕学馆对学生培养的目的不在于学术研究与探讨,而是希望所学与所用相符,从"冀收实效"的角度为朝廷培养在职官员。① 同年,由张百熙主持制定了《速成仕学馆考选入学章程》。章程规定仕学馆之设所以培植官才早资效用,必年满卒业方可出堂就官。② 可见,京师大学堂仕学馆实际上是政府官员速成培训班。③

同年还成立了京师大学堂进士馆。当时的背景是科举制尚未废除,清廷仍以传统科举取士,无法获取大量可用之才,只好设一变通之法,在京师大学堂开设进士馆,要求取中进士者入进士馆学习实学,以适应朝廷对人才的需求。④ 1902年12月1日,光绪帝颁布了《为进士馆学员授职事谕》:"储才为当今急务,迭经明降谕旨,创办学堂,变通科举。现在学堂初设,成材尚需时日,科举改试策论,固异帖括空疏,唯以言取人,仅能得其大凡,莫由察其精诣。进士入官之始,尤应加意陶成,用资器使,着自明年会试为始,凡一甲之授职修撰编修,二、三甲之改庶吉士用部属中书者,皆令入京师大学堂分门肄业。"⑤

1903年2月,京师大学堂在西城李阁老胡同添设进士馆,并于1904年4月正式开课。⑥ 1903年、1904年,清廷举行了最后两科科举考试,并要求取中进士入进士馆学习实学,"以明彻中外大局,并于法律、交涉、学校、理财、农、工、商、兵八项政事,皆能知其大要"⑦,并责成管学大臣张百

---

① 李硕.移植与涵化:清末京师大学堂仕学馆研究[J].唐都学刊,2017,33(3):117.
② 北京大学,中国第一历史档案馆.京师大学堂档案选编[M].北京:北京大学出版社,2001:171.
③ 郝平.北京大学创办史实源[M].修订版.北京:北京大学出版社,2008:125-127.
④ 周君闲.晚清进士馆述略[J].文教资料,2007(3):81.
⑤ 北京大学校史研究室.北京大学史料:第1卷 1898—1911[M].北京:北京大学出版社,1993:153.
⑥ 韩策.科举改制与诏开进士馆的缘起[J].近代史研究,2015(1):100.
⑦ 北京大学校史研究室.北京大学史料:第1卷 1898—1911[M].北京:北京大学出版社,1993:153.

1903年京师大学堂仕学、师范师生合影

（图片来源：北京大学档案馆、校史馆）

熙悉心核议，认真办理。进士馆每年分两学期，正月开学至小暑节为第一学期，七月开学至年终为第二学期。学科分十一门：史学、地理、教育、法学、理财、交涉、兵政、农政、工政、商政、格致。东文、西文、算学、体操为选修科目，习否听便。为规范教学，规定学生如不守学规，不遵教课，轻者记过，重者记大过，情节严重者即时请旨办理，并随时咨回原衙门交堂官察看。管理及教学人员亦不准旷职瞻徇。①

为了督促和鼓励进士馆学员，每学期结束，学务大臣会同进士馆监督分科考验学员，学员毕业后，根据其学习期间的表现授予官职。科举制废除后，进士馆学员数量越来越少，因此，学部决定变通进士馆培养办法，将有志游学的学员送入日本东京法政大学，学习现代法治。② 清廷设立进士馆的目的在于使新进士能够更新知识结构，掌握与时代相适应的政治、外交、经济等方面的新学，以适应社会变化，造就新政人才。进士馆毕业人员，特别是留学生到国外后打开了眼界，目睹了先进科技，了解了世界发展潮流。他们进入仕途后对于政治改革、文化教育等方面都起到了一

---

① 周君闲.晚清进士馆述略[J].文教资料，2007(3)：81.
② 同上：81-82.

定的作用。①

进士馆从 1903 年 2 月开课,到 1907 年年底,共办了六个学期。1904 年 4、5 月间,学部将原京师大学堂速成科所属的仕学馆归并进士馆。1906 年年底经奏明朝廷,将进士馆改设京师政法学堂。仕学馆和进士馆都是为培养新型人才而设立的机构,在京师大学堂初期发展中具有重要意义。它们的发展变迁,反映了近代大学制度移植进入中国时的生动样态。

六、西学东渐引进现代知识:大学堂兴办译学与留学事务

戊戌变法的开展伴随着西学东渐之风,在"师夷长技"的基础上,还要进一步学习西方的科学、技术和思想文化,因此翻译成为当时的重要学科。故而在戊戌变法启动时,除了筹办京师大学堂,另一项重要事务就是筹办译书局,培养通晓西学的翻译人才,最早的筹备者是梁启超。

1898 年 7 月 3 日,光绪帝在批准总理衙门《筹办京师大学堂并拟学堂章程折》的诏书中,命令将原设官书局及新设之译书局,均并入大学堂,由管学大臣督率办理。同一天,举人梁启超被光绪赏给六品衔,专门办理译书局事务。② 1902 年,清廷下令恢复京师大学堂的同时,决定将京师同文馆并入大学堂。年底,管学大臣张百熙奏请将归并的同文馆改为翻译科,并在东安门内北河沿买了一些房屋以补充住房的不足。1903 年 3 月,为造就外交人才,清廷又在京师大学堂附近购置民房,设立译学馆,将原翻译科与之合并,仍由京师大学堂代管。7 月,大学堂译学馆发布招生告示。11 月 2 日,京师大学堂译学馆开学。③ 译学馆的开设延续了清末以来翻译教育的开展和外交人才的培养,并将译学教育包含于大学教育之

---

① 周君闲.晚清进士馆述略[J].文教资料,2007(3):82.
② 郝平.北京大学创办史实考源[M].修订版.北京:北京大学出版社,2008:125-127.
③ 同上书:255.

中,这既是清末新政中的"政事所需",也是近代外语教育的"大势所向"。①

译学馆旧址

(图片来源:北京大学档案馆、校史馆)

此外,大学堂在成立之初就明确了选派学生留洋学习、学成归来后担任教习的培养办法。戊戌变法前,清廷也曾向外派遣留学生,但由于种种原因,这一工作断断续续,且培养的人才极为有限。1903年12月21日,管学大臣张百熙上折,奏陈京师大学堂宜派学生出洋分习专门,以备教习之选。在奏折中张百熙陈述了派遣留学生的理由:"计自开学以来,将及一载。臣等随时体察,益觉咨遣学生出洋之举万不可缓,诚以教育初基,必从培养教员入手。而大学堂教习尤当储之于早,以资任用。"②清廷当天就批准了张百熙的奏折,要求大学堂"择其心术纯正、学问优长者,详细考察,分班派往游学"。③ 张百熙提交了47名留学生的名单,他们都是从师范速成科和译学馆的学生中选拔出来的,其中31人派往日本,16人派往西洋各国,"以备将来学成回国,可充大学教习"④。

---

① 潘清.京师大学堂译学馆研究[D].武汉:华中师范大学硕士学位论文,2014:25.
② 朱寿朋.光绪朝东华录:第5册[M].张静庐,等,点校.北京:中华书局,1958:5113-5114.
③ 郝平.北京大学创办史实考源[M].修订版.北京:北京大学出版社,2008:271.
④ 陈学恂,田正平.中国近代教育史资料汇编:留学教育[M].上海:上海教育出版社,2007:19.

京师大学堂派遣留学生,主要目的是培养大学师资,逐步建立和发展中国的现代高等教育,因而留学生的学科分布面广,文理并重。留学生在日本主要是到早稻田大学和法政大学学习。派往欧洲的学生,也进了一些较好的学校,如伦敦大学、圣彼得堡大学等。① 京师大学堂所派留学生毕业归国后,创立了中国最早的数、理、化、农学、法学等学科的现代高等教育模式,成为中国这些学科的重要奠基人,并在民国初期的政治、法律制度的建设方面发挥了重要作用。② 1909年后,留学生派遣工作从京师大学堂等少数学堂逐步扩展到从社会招生、录取、选派。③

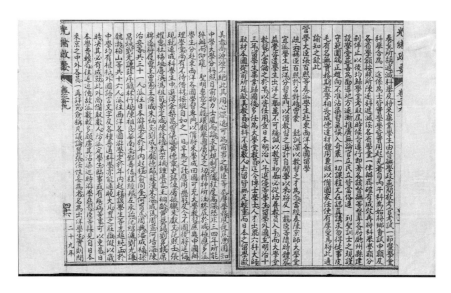

派留学生出国深造奏折

(图片来源:北京大学档案馆、校史馆)

从1909年开始,为加强对外交流,大学堂开始正式接受外国留学生入校学习,最早一批外国留学生来自俄国。④ 除此之外,京师大学堂

---

① 郝平.北京大学创办史实考源[M].修订版.北京:北京大学出版社,2008:271.
② 冯立昇,牛亚华.京师大学堂派遣首批留学生考[J].历史档案,2007(3):88.
③ 郝平.北京大学创办史实考源[M].修订版.北京:北京大学出版社,2008:272.
④ 同上书:274.

也积极参与国际交流活动。例如,1910年10月20日,学部为参加意大利万国赛选机器及各等新法大会咨行大学堂总监督"转饬学生等研究、答覆"。①

七、汇通中西医理济世救人:大学堂筹办医学实业馆

西医的人才培养规律与传统中医不同,在引进西方现代医学的同时,必须积极储备西医人才,京师大学堂承担了这方面的任务。早期的同文馆、翻译科中,就设有教授生理学、医学课程的教习,例如清末著名医学翻译家丁福保就曾在译学馆任教习,教授生理学课程,但当时尚未形成系统的专业医学教育。1903年《奏定京师大学堂章程》颁布后,京师大学堂决定在预科、速成科与翻译科的基础上增设进士馆、译学馆及医学实业馆。医学实业馆兼授中西医学,因此学生来源除原医学堂学生外,还有此前在同文馆接受医学教育的学生。1903年,京师大学堂医学实业馆于后门(地安门)内太平街民房开馆,1904年改称医学馆,迁入和平门外的八角琉璃井处,将原兴胜寺的庙宇改建为馆舍。

按照《奏定京师大学堂章程》设想,医科分医学门与药学门,招中学毕业生入学,学生在学习全部课程的基础上,可以选习内科或外科作为方向,学习三年毕业。医学实业馆所学中西医理兼顾,药房也设中西各一处,招生标准十分严格,因为"中西医理均极繁微,必由高等小学卒业之人乃能从事。今所选取为未经小学卒业而资性颖悟,书理明晰者,亦准入学,以广造就"。② 据悉,医学馆首次投考者二百余人,定额仅取三十余名。③ 医学门的科目分主课(主修)和补助课(辅修),主课有中国医学、生理学、病理总论、胎生学、外科总论、内科总论、内科各论、妇科学、产科学、

---

① 王学珍,王效挺,黄文一,等.北京大学纪事:1898—1997[M].北京:北京大学出版社,2008:43.
② 同上书:19.
③ 同上书:18.

产科模型演习、眼科学、细菌学实习、卫生学、检验医学、外科手术实习、精神病学、霉菌学等。补助课教材有药物学、药物学实习、医化学实习、处方学、诊断学、外科临床讲义、内科临床讲义、妇科临床讲义和儿科临床讲义等,章程特别强调以上各科外,在外国尚有解剖学、组织学,但因为中国风俗礼教不同,不能相强,以模型解剖替代即可。①

医学实业馆既是学习医学的场所,也是诊治病人的医馆,为学生提供了实习场所,构建了临床实践教学的雏形。根据《奏定京师大学堂医学实业馆章程》的规定,馆内"一习医学,二司诊治。习医之处曰习业所,诊治之处曰卫生所";即使在习业所,所教授的课程也是颇具实用性的,即"习业所中西兼课,各授以医科普通学,即备将来升入专门科之选";诊治方式为病人自主选择,即"中西医法不同,由病人自主择定用中法或西法";为了保证中医的诊治条件,"馆内设药草园一区,栽种一切生药"②;医院的管理官由医科大学的教员兼任,医科大学附属医院的事务由大学堂的总监督管辖。

1906年学部参考日本学制,要求医学馆将原定的三年毕业时间改为五年,由此医学馆修订学制为五年。但对于此前招收的学生,仍然按照奏定章程中的规定,举行了毕业考试,毕业的学生,一律给予医科贡生,作为正途出身。③ 1907年2月8日,学部《奏医学实业馆毕业学生请奖折》称:"据医学实业馆提调咨称,本年学生已届三年……兹于九月下旬……严密考验……分数在六十分以上者三十六名,请照中学堂章程分别给奖,以励将来等因前来……臣等复核无异,所有考验及格之学生……均拟照章给奖,一律给予医科贡生,作为正途出身;其原系举人之吴之翰一名,拟给予毕业文凭,毋庸另给奖励。"④

由于国内西医学科和诊疗水平有限,医学馆也非常倚重留学教育。

---

① 潘懋元,刘海峰.中国近代教育史资料汇编:高等教育[M].上海:上海教育出版社,2007:6.
② 王学珍,王效挺,黄文一,等.北京大学纪事:1898—1997[M].北京:北京大学出版社,2008:19.
③ 同上书:26.
④ 同上书:30.

尚在学务处时期,学务处就曾暂定考试出洋游学毕业生办法,会同礼部举行出洋游学毕业生考试,及格者方可参加殿试,中试者引见皇帝并给出身。其时一榜尽赐及第,考一等者为进士,考二等者为举人,加上所业科名,分别授官,故后有医科进士、医科举人之称。① 也有经特别举荐不必考试而赐进士出身者。学部成立后,更是五次制定考试游学毕业生章程。1907年将医学馆改为京师专门医学堂后,有记载称医学馆将在校学生全部资送日本学习。②

1907年2月5日,学部《奏拟改医学馆为京师专门医学堂折》内称:"查京师设有医学馆,拟即改为京师专门医学堂,中西医学分科肄习,各以深造有得切于实用为宗旨。"③1910年,医学馆舍被施医总局购买。此后,在八角琉璃井的医学馆旧址成立了国立北京医学专门学校,聘汤尔和先生北上担任校长。刚接手时,医馆仅有旧屋数十间,旧显微镜一架,中国旧医书数十种,开办费八百元,每月经常费千余元。在汤尔和先生的勉力推动下,中国第一所国立西医学校"规模以日具,人才以辈出",改变了中国医学教育的面貌。④ 这也是如今北京大学医学部的前身。

八、孕育百年树人大计:大学堂兴办师范馆

京师大学堂的设立直指改革整套旧学制和教育体系,这意味着需要大量掌握新式教育规律和知识体系的师资力量,因此师范人才的培育尤为重要。《钦定京师大学堂章程》中就意识到这一问题,并作出规划:"学堂开设之初,欲求教员,最重师范。现于速成科特立专门之外,仍拟酌派数十人赴欧美日本诸邦学习教育之法,俟二三年后卒业回华,为各处学堂

---

① 姚崧龄.清末出洋游学毕业生教育[M].台北:传记文学出版社,1970:56.
② 李经纬.中外医学交流史[M].长沙:湖南教育出版社,1998:304.
③ 王学珍,王效挺,黄文一,等.北京大学纪事:1898—1997[M].北京:北京大学出版社,2008:30.
④ 王庆环.回望北医百年:中国医学强盛史[N].光明日报,2012-10-23(6).

教习。"①学堂开设之初,为了培养合适的教员,一方面成立速成科进行专门培训,自己兴办师范教育;另一方面向发达的欧美国家及日本派出留学生学习教育,以为整个教育体系的改革提供足够的师资支持。

1902年张百熙受命复建京师大学堂时,对师范教育进行了更加细致的筹划,秉持"开拓以为要务"②的理念,解决了此前的未尽事宜,师范馆也得以顺利开学。按照当时的章程,师范馆学生第一学年学普通课,分习英、法、德、俄等外文和普通科学,日语是公共必修科。第二年正式分科学习,共分四科,亦称四类。第一类以中国文学、外国语为主(学生可选修英、法、德任何一种);第二类以中外地理、历史为主;第三类以数学、物理学、化学为主;第四类以植物、动物、矿物、生理学等博物科为主。学生在分类学习之外,还要通习教育学、心理学、哲学等科目。③

1904年,各省都选拔学生来京,参与大学堂组织的招考。根据学生的整体状况,大学堂决定其中"年龄较长、汉文较优者"进入优级师范学习,因为,"师范者,风气之导也","非重国文无以立小学中学之正鹄"。④但在科举与学堂并存的情况下,师范馆直接招考的学生为数有限,被迫改用其他途径陆续招收学生,导致学生入学时间不一,给教学进度带来很大影响。⑤ 管理京师大学堂的总监督、学部都对师范馆的建设十分重视,学堂也注重提升学生培养质量。例如,师范馆学生的毕业成绩并不仅仅是以一次毕业考试为准,而是毕业考试成绩与平时成绩相加来平均计算的,这样就督促学生平时也要努力。为了考查学生平常上课的认真程度,了解老师讲课的效果,学部还检查学生的课堂笔记。⑥

---

① 北京大学校史研究室.北京大学史料:第1卷 1898—1911[M].北京:北京大学出版社,1993:88.
② 同上书:52.
③ 北京师范大学校史编写组.北京师范大学校史:1902—1982[M].北京:北京师范大学出版社,1982:5-6.
④ 王学珍,王效挺,黄文一,等.北京大学纪事:1898—1997[M].北京:北京大学出版社,2008:24.
⑤ 阮春林.浅析京师大学堂师范馆的创设[J].历史教学,2004(4):21-25.
⑥ 同上.

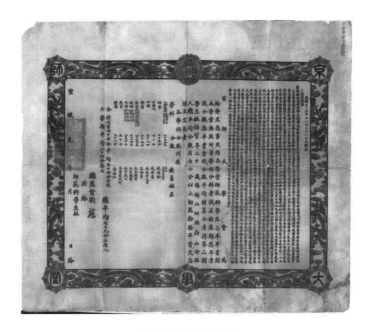

京师大学堂毕业文凭

(图片来源:北京大学档案馆、校史馆)

1907年3月26日,京师大学堂师范馆举行隆重的毕业典礼,这也是京师大学堂举行的第一次学生毕业典礼。毕业后,一些学生分送英、法、美等国留学,并根据毕业考试成绩授予官职。当年正月毕业考试过关的100人,学部根据当时的官制变革对《奏定优级学堂章程》中毕业奖励的规定进行调整,"考列最优等者,作为师范科举人,以内阁中书尽先补用,并加五品衔……考列优等者,作为师范科举人,以中书科中书尽先补用……考列中等者,作为师范科举人,以各部司务补用……又考列最优等、优等、中等之毕业生,原有官职,不愿就毕业奖励者,准其呈明,以原官原班用"。[①] 为了防止师范生人才外流,学部于1907年3月15日上表《师范生义务年内不得委充他项差使》奏折,明确了毕业生的执业年限:"优级师范生有效力全国教育职事之义务,其年限暂定为五年,此五年中经学部

---

① 奏定师范奖励义务章程折[N].学部官报,1907(16).

或本省督抚提学司指派教育职事,不得规避,不得营谋教育以外之事业,充当京外各衙门别项差使等……如有藉端规避者,一经查明,即将所得奖励照章撤销。"① 在允许师范生选择服务地的同时,亦根据各地的实际需要选派师范毕业生前往服务。

1908年6月14日,学部《奏为筹京师优级师范学堂并遴员派充监督折》称,"现在分科大学将次开办,势难兼筹并顾","另行筹办优质师范学堂以储师资,查现在五城中学堂地方,房屋于改设优级师范学堂最为相宜,拟就其基址酌添堂舍,改为优级师范学堂。其五城中学堂,即于附近地方另建"。② 随着分科大学的筹办,经学部奏请,京师大学堂优级师范科改为京师优级师范学堂,脱离京师大学堂而独立。

京师大学堂师范馆为国家培养了一批教育界翘楚。根据首届毕业生、北京四中首任校长王道元的回忆,师范馆前后两期毕业生中诞生了不少清末民初的风云人物,更多的人则终生奉献给教育。③ 例如,辛亥革命后曾一度出任北京大学校长的胡仁源即是师范馆毕业生。

京师大学堂师范馆的创立,标志着近代中国高等师范教育的正式兴起,从西方引进的近代师范教育体制也开始在中国逐步确立,为整个教育体制的改革储备了人才,在中国教育发展史上起到了承前启后的作用。

九、打造新式教育人才蓄水池:京师大学堂开办预科

京师大学堂的建立伴随着整个清朝学堂体系的革新。《兴学诏》中明确"着将各省所有书院于省城,均改设大学堂;各府厅直隶州,均设中学

---

① 学部附奏师范生义务年内不得委充他项差使片[N].浙江教育官报,1908(2).
② 王学珍,王效挺,黄文一,等.北京大学纪事:1898—1997[M].北京:北京大学出版社,2008:35.
③ 王道元.记优级师范馆[M]//北京大学五十周年纪念特刊.北京大学图书馆藏,1948:11.

堂;各州县均设小学堂"①,在全国范围内兴办新式教育,这就涉及大中小学堂的衔接问题。然而,人才的培养需要一定的周期,且地方政府对于学堂政策的推进效果并不尽如人意,各地还不能输送足量适合于新式大学教育的人才到大学堂。1902年,刚刚被任命为管学大臣的张百熙就在奏折中指出,尽管已经设立了从小学堂、中学堂直到省学堂的一整套新式教育体制,应当"各省府州县遍设学堂",但"至今奏报开办者,尚无几处",在这样的情况下,如果按部就班从基础教育开始培养,则"不知何年而学堂方可一律办齐,又何年而学生方能次第卒业"②。各地方输送来的学员年龄参差不齐、学业基础不一,很难直接进入大学的学科专业教育,但面对清政府对新式人才的渴求,大学堂只能另觅良方解决人才断层问题,并把目光聚焦到了预科教育之上。

因此,张百熙建议:"暂且不设专门,先立一高等学校,功课略仿日本之意,以此项学校造就学生,为大学之预备科。"③具体而言,预科学制三年,学生毕业后考试及格者,升入大学正科。与此同时,设速成科,分仕学馆、师范馆;预科教育主要开设政、艺两科,以经史、政治、法律、通商、理财等事隶政科,以声、光、电、化、农、工、医、算等事隶艺科。④ 通过这一办法,可以较快实现人才培养的目的。这一想法虽然被批准,但不久后就因为种种原因被废止。

随后,清政府又命张之洞、张百熙、荣庆等共同重订学堂章程,最终于1904年1月13日颁布,将高等教育分为"高等学堂或大学预科(三年),大学堂(三到四年)、通儒院"⑤,实际上确立了预科的设置。其中,大学预科改为三类,"第一类为预备升入经学、政法、文学、商学等分科大学的;第二类为预备升入格致、工科、农科等分科的;第三类为预备升入医科大学

---

① 北京大学,中国第一历史档案馆.京师大学堂档案选编[M].北京:北京大学出版社,2001:91.
② 朱有瓛.中国近代学制史料:第2辑上册[M].上海:华东师范大学出版社,1987:832-833.
③ 同上书:832.
④ 王学珍,王效挺,黄文一,等.北京大学纪事:1898—1997[M].北京:北京大学出版社,2008:10.
⑤ 郑登云.中国高等教育史:上[M].上海:华东师范大学出版社,1994:72-73.

的"。① 相关的具体划分更加细致得当,并在此后得到落实。

因为大学堂新式教育的培养重点在于培育西学诸学科的专业人才,在预科学生的具体选拔中,大学堂格外关注学生的"西学"素养。1905年3月,时任京师大学堂总监督的张亨嘉在《开办预备科并招师范生大概情形折》中提到,"臣参考中外情形……学生中年龄较长,汉文较优者,俾充优级师范;其西文夙有门径,或年少易于练习者,选入预备科",因为"预科者,专家之储也,非明习西文无以通西学之奥旨"。② 分科大学的设想与预科学校是同步推进的,因此在建设时也要为未来建设分科大学留足空间。同年8月25日,张亨嘉在奏折中称"大学八科需地甚广,遍查内城南城以内,均无空旷合用之地,惟广安门外瓦窑有地一所,德胜门外有地一所,广轮之数均合程度"③,可以满足预科和大学堂的基本需要。

此后,京师大学堂预科的发展渐入轨道。1906年8月21日,候选道江翰、江苏试用知县张祖廉以教务提调兼署大学预科监督,具体负责京师大学堂的预科管理。④ 1907年9月25日,学部关于招生事知照大学堂,"查大学堂预科瞬届毕业,明年开办分科……明年由各省选送二百人,庚戌年选送一百五十人,辛亥年选定一百五十人"。⑤ 伴随着第一届预科学生的毕业,京师大学堂预科的学生选拔规模也趋于稳定。京师大学堂的预科考核方式,具有十分浓厚的"西学"色彩。以1909年2月的要求为例,包括中文、代数、平面几何、外国文论、算术、物理化学和中外历史等多个科目。⑥ 根据1908年的《福建教育官报》记载,对于预科学生的要求是"挑选品行端谨,年在二十三岁以内者;或中学第五年级生,其品行、资质、

---

① 王学珍,王效挺,黄文一,等.北京大学纪事:1898—1997[M].北京:北京大学出版社,2008:21.
② 朱有瓛.中国近代学制史料:第2辑上册[M].上海:华东师范大学出版社,1987:840.
③ 王学珍,王效挺,黄文一,等.北京大学纪事:1898—1997[M].北京:北京大学出版社,2008:25.
④ 同上书:27.
⑤ 同上书:32.
⑥ 同上书:38.

学力、年岁合格者"①,对参与考核学生的基础条件有了较为具体的限定。根据《奏定高等学堂章程》,预科开设人伦道德、经学大义、中国文学、外国语、拉丁语、历史、地理、辨学、算学、法学、理财学、动物、植物、矿物、图画、体操等多种课程②,课程丰富且具有相当的针对性,以为后续的大学学习提供基础铺垫。

1909年4月25日,学部奏折中称,由于"预备科学生业经毕业,分科大学正在筹办",因此"拟暂将大学堂预科地方改设高等学堂……考选中学毕业生入堂……毕业以后即可升入大学堂肄业"。③由此,京师大学堂预备科改为高等学堂,暂时终结了其作为预科的"使命"。在短短的几年间,京师大学堂预科培养出了一批初具科学知识和开拓视野的学子,为大学教育提供了更充实的人才基础,有力促进了早期中国高等教育近现代化的顺利开展。

京师大学堂德胜门办学旧址

(图片来源:《北京大学校报》第1116期)

---

① 本司移行准京师大学堂监督咨续办大学预科调京外中学毕业生到京肄习文[A].福建教育官报,1908(4):51.
② 上海商务印书馆编译所.大清新法令:第3卷[M].北京:商务印书馆,2011:179.
③ 王学珍,王效挺,黄文一,等.北京大学纪事:1898—1997[M].北京:北京大学出版社,2008:38.

十、古今中西要籍聚于一所：京师大学堂藏书楼的建设

京师大学堂藏书楼（以下简称"藏书楼"）是北京大学图书馆的前身，是我国最早的现代新型图书馆之一。藏书楼的建设是京师大学堂规划的重要部分，梁启超在《奏拟京师大学堂章程》总纲第六节即明确提出："京师大学堂为各省表率，体制尤当崇闳，今拟设一大藏书楼，广集中西要籍，以供士林流览，而广天下风气。"[①]其后各章节中亦有对藏书楼人事、经费等方面的详细规划。尽管并无史料直接佐证藏书楼于1898年随京师大学堂的开办而正式设立，但据奏折、新闻报道及相关实物史料可确定：京师大学堂藏书楼应该是1898年与大学堂一同建立的，1899年藏书规模即达到5万册左右。[②] 曾代管京师大学堂的吏部侍郎许景澄之奏折中，有"兹查原册所列正所寝殿五间，系大学堂作为藏书楼安放书籍"的记载[③]，正所寝殿指和硕和嘉公主府内的寝殿，位于故宫东北角皇城内的马神庙街北侧，此即大学堂藏书楼最初的地址。

庚子事变期间，藏书楼也随京师大学堂的停办而关闭，所藏书籍亦遭到一定损毁。[④] 大学堂重新开办后，新任管学大臣张百熙有感于"欲求中国经史政治诸学，非藏书楼不足以供探讨之"，并认为江南、湖广、广东、江西等地书局刊刻应用书籍甚多，故请准其"咨行各省，将各种调取十余部或数部不等"；除此之外，民间旧本、时务新书，以及译出和未译出的外文书籍，张氏亦希望均由其"择定名目，随时购取，归入藏书楼"。[⑤] 兼并京师同文馆后，藏书也进一步充实。藏书楼还获赠了大量捐

---

① 北京大学，中国第一历史档案馆.京师大学堂档案选编[M].北京：北京大学出版社，2001：28.
② 姚伯岳.在古籍编目中发现京师大学堂藏书楼的源头[J].大学图书馆学报，2013(6)：105.
③ 许景澄为移交大学堂房屋、家具等呈内务府文(1900.7.25)[A].北京大学档案馆藏.JS000009.
④ 王学珍，王效挺，黄文一，等.北京大学纪事：1898—1997[M].北京：北京大学出版社，2008：5.
⑤ 北京大学，中国第一历史档案馆.京师大学堂档案选编[M].北京：北京大学出版社，2001：106，107.

赠书籍,如巴陵方大登所捐赠的碧琳琅馆大宗藏书,以及日本佐伯文库收藏的珍本,价值12190余两白银。① 至1903年年底,藏书楼藏书总量已达七万八千册。② 1900年以前,藏书楼提调李昭炜、骆成骧均是翰林出身,有较高的名望。1902年重办大学堂后,藏书楼负责人先后经历了梅光羲、徐廷麟、王诵熙、刘绵训、任钟澍等5人,至徐廷麟在任时藏书楼改制,此后负责人均称"图书馆经理官",更加注重才干、能够切实开展业务。这也反映出藏书楼日益发展成为真正为师生服务、更具现代意义的公共性图书馆。③

京师大学堂教职员合影,背景为藏书楼

(图片来源:北京大学档案馆、校史馆)

与此同时,藏书楼在现代图书馆制度建设方面也取得了进展。1902年年底,京师大学堂公布了《京师大学堂藏书楼章程》,这是目前所见史料中有关大学堂藏书楼最早的专门制度性文件。该章程开宗明义,于总纲

---

① 图书馆[N].北京大学日刊,1920-12-17(3).
② 姚伯岳.京师大学堂藏书楼(图书馆)记略[J].图书馆,2018(12):49.
③ 姚伯岳.京师大学堂藏书楼(图书馆)历任负责人考述[J].图书馆论坛,2020(4):100.

第一节指出了藏书楼的功能,即"藏书楼之设,所以研究学问、增长智慧,一切规模亟应宏广",并确定了藏、阅分设的原则,"以楼上为藏书处,楼下除藏书外兼备阅书"。值得注意的是,藏书楼自身所期许的定位已具备了一定的开放性和社会服务的色彩,"藏书楼所储各种书籍图报,本应无论何人概许观阅",只是限于房屋不足,不得不加以限制,故"今定惟本学堂各人员暨各学生均得入内观阅,并得取往斋舍",这种认识在当时十分难得。① 除第一章总纲之外,该章程还在第二、三章分别对阅书和取书的规则流程进行了规定,明确了现代图书馆运作的基本架构,部分至今仍沿用承袭。② 当然,该章程中也体现了藏书楼的官办色彩和封建制度的残留,例如在章程中将书籍分为贵重、寻常两种等级,以致于"寻常书籍听学生取阅,贵重书籍只准管学及办事人取阅,诸生皆以章程为不善"③;管理中也发生了书籍丢失等漏洞。④ 1903 年,京师大学堂又先后公布了《京师大学堂藏书楼新定章程》28 条⑤和《京师大学堂藏书楼增订阅书借书章程》11 条⑥,于书籍编目、造具清册、储存保管等方面多所裨补,不断对图书馆运行制度进行完善,亦体现其由封建官办书局向具有开放性和进步意义的现代图书馆的转型。

藏书楼自建立伊始,便承载着北大人的书香记忆和精神寄托。据当时报章记载,坐落于京师大学堂内的藏书楼设备齐全,"随墙一律安置木架玻璃大柜存收书籍等"。每日清晨,各讲堂及宿舍均有杂役拂拭,被当时报纸称赞"非常洁净,于卫生一道颇有益云"。⑦ 而每日傍晚的藏书楼则最受学生欢迎,"晚餐后,学生聚集藏书楼练习体操等事,故藏书楼阅报之人较从前多至两三倍云"。⑧ 1904 年 1 月 13 日,张百熙会同张之洞、荣

---

① 时事要闻[N].大公报,1902-12-23(2).
② 同上,1902-12-25(3).
③ 大学堂纪事[N].大公报,1903-10-08(1).
④ 京师大学堂为毕业生借阅图书应即缴还的咨文及吉林提学司给有关人员的札文[A].清档案.吉林省档案馆藏:J033-7-20.
⑤ 京师大学堂藏书楼新定章程[N].大公报,1903-03-12(3).
⑥ 京师大学堂藏书楼增订阅书借书章程[N].大公报,1903-06-20(2-3).
⑦ 时事要闻[N].大公报,1902-12-19(1).
⑧ 同上,1903-03-18(3).

庆上奏并颁行的《奏定京师大学堂章程》第四章第四节规定:"大学堂当置附属图书馆一所,广罗中外古今各种图书,以资考证。"①此后,"京师大学堂藏书楼"正式更名为"京师大学堂图书馆",因其"旧名藏书楼,现照奏定章程,应称图书馆,故于楼额仍沿藏书楼之名,而于章程则标为图书馆,并设经理官以掌其事"。② 1912年1月1日,中华民国临时政府成立;同年5月3日,京师大学堂改名为北京大学校,京师大学堂图书馆随之改称北京大学校图书馆。蔡元培、蒋梦麟、胡适等历任校长都高度重视图书馆的建设与发展。改名后的北京大学校图书馆也对现代中国进步思想的传播起到了积极的推动作用,李大钊、毛泽东、章士钊、顾颉刚、袁同礼、向达等人曾在图书馆工作,为图书馆的发展做出了重大贡献。

复原毛泽东同志在北京大学图书馆期间工作场所

(图片来源:编者实地拍摄)

---

① 北京大学校史研究室.北京大学史料:第1卷 1898—1911[M].北京:北京大学出版社,1993:126.

② 同上书:462.

十一、完全人格首在体育：开办京师大学堂运动会

京师大学堂自建立伊始就非常注重学生的体育教育，这也形成了其区别于中式传统教育的重要特征之一，强身健体、砥砺精神也成为民族仁人志士呼吁救亡图存的重要内容。清朝末年，清政府在西方列强的坚船利炮下连战连败，中华民族在一些殖民主义者眼中成为"东亚病夫"。1894年12月中日甲午海战后，《法国时报》公然声称："今东方又有一病夫矣，日本虽小，竟将摇动其本根，摧伤其枝叶。"①"病夫"之称当然暗含对清政府软弱无能的讥讽，但也显示了当时西方流行的人种论对中国人体魄的歧视。

因此，许多革新主张都非常重视体育锻炼，以强健中华青年的体魄。例如，康有为在《大同书》中指出，在小学院中应当"以养体为主，而开智次之……以动荡其血气，发扬其身体"，大学院则更应"重体操，以行血气而强筋骸"；②梁启超则在其《新民说》中表示，"有健康强固之体魄，然后有坚忍不屈之精神"③。京师大学堂在成立时就提出倡导学生强健体魄、加强体育运动的教学安排，例如，1898年的《奏拟京师大学堂章程》第二节将体操学列为十项"凡学生皆当通习"的"博通学"课程之一。④ 1905年，时任京师大学堂负责人张亨嘉还在奏折中要求为京师大学堂划拨土地以扩大操场面积，因为"非强健身体，通畅戎略，不能挽积弱而图自存"⑤。当时许多高校也都有十分活跃的体育活动，早在1890年，圣约翰书院就举办了校际运动会，天津、烟台、苏州等地也有校际运动会，其中

---

① 戴国斌,等.中国式体育现代化的文化逻辑[J].体育学研究,2022(6):3.
② 康有为.大同书[M].陈得媛,李传印,评注.北京:华夏出版社,2002:251,257.
③ 梁启超.新民说[M].北京:商务印书馆出版社,2016:191.
④ 北京大学,中国第一历史档案馆.京师大学堂档案选编[M].北京:北京大学出版社,2001:29.
⑤ 同上书:263.

1905年广州东校场的"两广学务处校际运动会"有47所学校的运动队参与。①

京师大学堂足球队

（图片来源：北京大学档案馆、校史馆）

但民族体魄的强健不仅需要在学堂内开展体育教育，更需要在整个社会大兴体育之风。当时的舆论也非常关注这一问题，1904年，《北洋官报》《济南报》《大陆报》《四川官报》等报纸都刊登了有关体育的内容，认为体育并非学堂独有之事，而是全国人民不可缺少的要件，更是教育的根本，将体育的重要性上升到了相当的高度。而作为"各行省之倡"的京师大学堂，选择在此时举办运动会，也有着强烈的倡导之意。

1905年5月28日，京师大学堂发布《敬告来宾文》，称"造就人才之方必兼德育、体育而后为完备"，"今日特开运动大会，亦不外公表此宗旨，以树中国学界风气而已"②，决定召开第一次运动会。运动会持续两天，包括不同类型的竞走、跳高、掷球、拉绳等多种项目，会场"欧洲、日本男女

---

① 罗时铭.中国体育通史：第3卷[M].北京：人民体育出版社，2008：142.
② 王学珍，王效挺，黄文一，等.北京大学纪事：1898—1997[M].北京：北京大学出版社，2008：24.

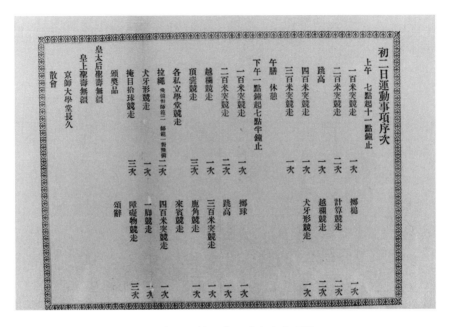

1906年4月第二次运动会比赛项目

(图片来源:北京大学档案馆、校史馆)

宾客到者极多,座为之满。进士馆、译学馆、实业学堂、湘学堂、蜀学堂、八旗学堂学生均着操衣,排班来会。墙外围观者复不下千余人"①,可见其盛况与影响力。有评论称"国学进士肯来与会,亦数千年未有之一线文明,足见学界之日渐发达"。②京师大学堂的第一次运动会产生了良好的社会影响,同时促进了全体师生对于体育运动的重视。

1906年4月25日,京师大学堂举办第二次运动会。在《告来宾文》中,京师大学堂明确说明,"夫运动会之设,所以重体育而奖武事,为国民教育最重要之一端",因此希望以"掷球、角力运动、竞走辄标举之以为尚武之征"③,再一次阐述了运动会的意义。这次运动会的参与人数较第一次大为增加,据《大公报》报道,"来宾至数千人",并且"总监督之堂堂大员

---

① 记京师大学堂运动会[N].时报,1905-06-07(6).
② 郝光安.北京大学体育史[M].北京:人民体育出版社,2008:14.
③ 王学珍,王效挺,黄文一,等.北京大学纪事:1898—1997[M].北京:北京大学出版社,2008:26.

亲身竞走获胜"——这位亲自参与竞走项目的"总监督",正是时任京师大学堂总监、翰林院编修李家驹。① 同时,学校颁布了《本校学生赴运动会简章》,规定"初二初三两天于赴会前请假者,按照本日授课时间作旷课论"②,将运动会的重要性等同于课程,这也显示了学堂对运动会的重视和对体育精神的倡导。《大公报》因而感叹,"使吾国事事能如此进化,则二十年后,其犹不能与东西各国并驾齐驱,吾不信也"③。

1907年4月9日,京师大学堂举办了第三次运动会,通知"由督学传知各学堂,以资联合,而便角竞"。这一次运动会再次获得了关注,"各学校乐于观成,联艺借来,观者如堵,龟鼓声逢,龙旗景动,风声所树,举国景从"④,场面十分热烈,获得了社会的广泛好评。译学馆也于同年举办了春

北京大学举行以"强体魄,庆百年"为主题的
第28届体育文化节暨2021年田径运动会

(图片来源:北京大学新闻网)

---

① 京师大学堂运动会记三续前稿[N].大公报,1906-05-06(1).
② 王学珍,王效挺,黄文一,等.北京大学纪事:1898—1997[M].北京:北京大学出版社,2008:26.
③ 京师大学堂运动会记三续前稿[N].大公报,1906-05-06(1).
④ 郝光安.北京大学体育史[M].北京:人民体育出版社,2008:17.

季运动会,"计有撑杆跳高、撑杆跳远、掷球、提灯竞走、跳高、障碍物竞走、戴囊竞走等项目。历时三天"①。京师大学堂多次举办运动会,在一定程度上起到了引领风气的作用,具有独特的时代意义。

尽管由于种种原因,在此后的几年间,京师大学堂并未再举办类似规模的全校运动会,但学校高度重视体育运动的风气已经形成,"德才均备,体魄健全"的育人传统也延续至今。1917年1月蔡元培校长主持北大校务后,提出了"完全人格,首在体育"的教育思想;1922年,学校成立了体育委员会,并成立体育部,重新开启了春季运动会的传统,蔡元培、胡适等人均在校刊撰文,呼吁同学们"都能来这运动会场上尝尝少年的高贵"②。此后虽因战乱等因素,学校有时不得不取消或停办运动会,但这一传统依然得以传承,运动会成为北大师生每年春季共同期待的欢聚盛会。

---

① 王学珍,王效挺,黄文一,等.北京大学纪事:1898—1997[M].北京:北京大学出版社,2008:32.
② 胡适.我对于运动会的感想[N].北京大学日刊,1922-4-23.

第二章

觉醒年代中的革新精神与红色基因
（1912—1948）

一、延续国立高等教育文脉:"京师大学堂"更名"北京大学校"

1912年2月12日宣统帝宣布退位后,于戊戌新政中诞生的京师大学堂并未随着清王朝的灭亡被取缔,而是继续承担教育国民这一重任。1912年2月25日,临时大总统袁世凯颁令,任命严复为京师大学堂总监督。3月8日,严复正式就任京师大学堂总监督①,随即分别召开教职员会议,商讨学堂改革事宜。

1912年5月3日,时任中华民国政府教育部总长的蔡元培就推荐大学校校长一事呈报临时大总统袁世凯:"北京大学堂今拟改称为北京大学校,大学堂总监督改称为大学校校长,总理校务……现已由本部照会该总监督任文科大学学长,应请大总统任命该学长署理北京大学校校长。"②当日,袁世凯批准并发布临时大总统令,"任命严复署理北京大学校校长"③。5月3日,学堂更名后,严复被任命为北京大学校第一任校长,兼任文科学长。严复深感责任重大,"故自受事以来,亦欲痛自策励,期无负所学,不怍国民,至其他利害,诚不暇计。"④1912年5月24日,京师大

---

① 张寄谦.严复与北京大学[J].近代史研究,1993(5):141-156.
② 王学珍,郭建荣.北京大学史料:第2卷 1912—1937[M].北京:北京大学出版社,2000:3.
③ 同上书:235.
④ 王栻.严复集:第3册[M].北京:中华书局,1986:604.

堂发布通告称,"本学堂现经教育部改定名称曰:北京大学校",并另刊关防一颗,文曰:"北京大学校之关防,于阳历五月二十四日启用,以昭信守。特此公布。"①后来,该校名逐渐简化为"北京大学"。

首任校长严复像
(图片来源:北京大学档案馆、校史馆)

1912年5月15日,更名后的北京大学重新开学。《教育杂志》第4卷第3号记事栏刊登的北京大学通告宣布:"本堂现定阳历五月十五号,重行开学,请转示各属。凡肄业本校者,催令赳日来堂。"②《教育杂志》第4卷第4号还刊登了《大学校开学志闻》,对开学典礼当日的盛况进行报道:北京大学校业已开学,学生到者百余人,教员数十人;英国公使朱尔典、总税务司裴璀琳、教育总长蔡元培皆莅会。③ 典礼在当时颇受关注,各界来宾都来观礼。面对台下泱泱众人,校长严复强调北京大学"学校规则,宜趋谨严"。教育总长蔡元培出席了开学典礼并发表演说,勉励北大师生要研究高深学问。

北京大学正式开学后,严复推进教学改革,革新教师队伍,使"校中一切规模,颇有更张","全校学生遂与相安于学"。④ 北京大学在高等学校中的声誉也日益提高,7月29日英国教育会议和伦敦大学宣布承认北京大学学生的学历和成绩,"自兹以后,凡属北京大学校或译学馆之毕业生赴英游学者,均得以直接进行其博士研究"。⑤ 1915年7月,正当严复力图推进北大建设时,北洋政府教育部却以所谓程度不高、管理不善、经费

---

① 王学珍,郭建荣.北京大学史料.第2卷 1912—1937[M].北京:北京大学出版社,2000:4.
② 北京大学堂开学[J].教育杂志,1912(4):3.
③ 大学校开学志闻[J].教育杂志,1912(4):4.
④ 张寄谦.严复与北京大学[J].近代史研究,1993(5):158.
⑤ 王晓秋.辛亥革命与民国初年的北京大学[J].北京大学学报(哲学社会科学版),2001(6):42.

困难为由,提出了停办北京大学之议。① 对此,严复特向教育部呈文,陈述了北京大学万万不可停办的理由,并逐一驳斥教育部文中提到的北京大学在办学方面存在的问题。严复指出,北京大学作为全国最高教育机关,已经国家十余年经营投入,耗费大量人力财力,若将其废弃,实在可惜;而面对前来求学的莘莘学子,"将持何理由而一切摧残遣散之乎?"他还提出,大学之宗旨"固以造就专门矣",也兼"保存一切高尚之学术,以崇国家之文化"。② 同时,严复也认识到,北大需要对校风、课程、师资等诸多方面加以改进。为此,他又向教育部上呈《分科大学改良办法说帖》,主张北大应进行改革,加强在校教员管理,禁止教员在政府兼职;他详细梳理了分科改良的方法,提议将经、文两科合并为国学科,侧重躬行实践,提倡

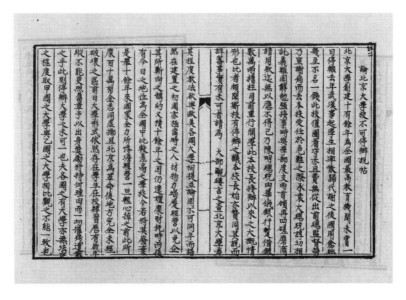

《论北京大学校不可停办说帖》

(图片来源:北京大学档案馆、校史馆)

---

① 王晓秋.辛亥革命与民国初年的北京大学[J].北京大学学报(哲学社会科学版),2001(6):38-46.
② 严复.论北京大学校不可停办说帖[M]//王学珍,郭建荣.北京大学史料:第2卷 1912—1937.北京:北京大学出版社,2000:29-31.

经世致用之学,对近代以来的学术专门化产生了重大影响。在严复的坚持和全校师生的强烈反对下,教育部只得答复北大,解散之事不实。

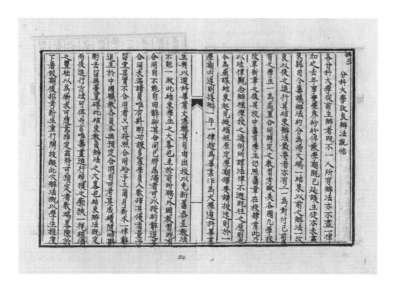

《分科大学改良办法说帖》

(图片来源:北京大学档案馆、校史馆)

"京师大学堂"更名为"北京大学校",不仅仅是名称上的变化,更带来了实质性的深远影响。严复担任北大校长不过数月,却为北大日后的蓬勃发展奠定了重要基础。他一面筹款办学,一面改革学科、整顿教师队伍。严复的努力保全了北大,为北大从清末大学堂转型为现代大学做出了重要贡献。他强调大学不仅造就专门人才,而且兼有"保存一切高尚之学术,以崇国家之文化"[1]的宗旨,大学"理宜兼收并蓄,广纳众流,以成其大"[2]。他的改革思想主要体现在以下两方面。

一是学科设置向近现代教育转型。京师大学堂更名为北京大学校

---

[1] 严复.论北京大学校不可停办说帖[M]//王学珍,郭建荣.北京大学史料:第2卷 1912—1937.北京:北京大学出版社,2000:28-29.
[2] 严复.分科大学校改良办法[M]//王学珍,郭建荣.北京大学史料:第2卷 1912—1937.北京:北京大学出版社,2000:29-31.

后,文科学长由严复兼任,法科、商科、农科、工科学长分别是张祥龄、吴乃琛、叶可梁、胡仁源。京师大学堂原设经学科,由毛诗、周礼、左传等门(即专业)组成。① 严复任北大校长后,决定将经科并入文科,把儒家经典的研究拆分到不同的门类中。通过将《诗经》研究分给文学门,《春秋》研究分给历史门,开启了去神圣化的重要时刻。如此一来,过去的儒家经典以现在的历史眼光来看不过是诸多种学问中的一种。② 严复还提倡东西方哲学、历史、地理、文学"兼收并蓄"。文科专业课程设置及内容的调整打破了中国封建教育独尊儒学的思想桎梏,是北京大学向近现代教育转型的一个重要标志。③

二是教师队伍革新带来校风的转变。 严复在《分科大学改良办法说帖》中对教师选聘提出建议:解聘没有真才实学的外国教师和中国教员,招聘在国外获得学位又能钻研学问、不迷信外国的学者来北大任教,并提倡教师兼顾教学与研究工作,提高学术水平。他还主张理、工、法、商、农等科派遣优秀毕业生出国留学深造,学成后再回校任教。④

二、中国现代大学制度的先驱:蔡元培推动北京大学改革

1917年1月,蔡元培正式到任北京大学校长。他实行"循思想自由原则,取兼容并包主义"⑤的方针,在大学理念、学术理念、管理模式、师德师风等方面对北大进行了卓有成效的改革,使北京大学成为当时中国大学的标杆,其影响惠及全国。

---

① 王晓秋.辛亥革命与民国初年的北京大学[J].北京大学学报(哲学社会科学版),2001(6):45.
② 魏定熙.权力源自地位:北京大学、知识分子与中国政治文化(1898—1929)[M].南京:江苏人民出版社,2015:84.
③ 王晓秋.辛亥革命与民国初年的北京大学[J].北京大学学报(哲学社会科学版),2001(6):46.
④ 同上.
⑤ 蔡元培.蔡元培致《公言报》函并答林琴南函[M]//高平叔.蔡元培全集:第3卷.北京:中华书局,1984:271.

蔡元培校长像

（图片来源：北京大学档案馆、校史馆）

一是构建了中国现代大学的建设理念。中国现代高等教育的探索肇始于对西方高等教育的模仿，这一探索源于对解决实际问题的人才的需要，比如工程技术、外交外贸等。19世纪中叶至19世纪末，搭建大学的基本制度架构是中国高等教育面临的主要任务，对西方的模仿主要侧重于可见的制度层面，即大学组织、课程设置等方面。大学制度的基本价值和理念问题尚未进入人们的视野，中学和西学相互冲突，彼此隔阂。蔡元培提出一套基本的大学理念，可以概括为学术至上、学术自由和学术救国等核心原则。[①] 这套基本理念使中国近代大学的发展出现了重要转折。

---

① 陈洪捷，蔡磊砢.蔡元培：中国现代教育的奠基人[J].苏州大学学报（教育科学版），2016，4(1)：96-104.

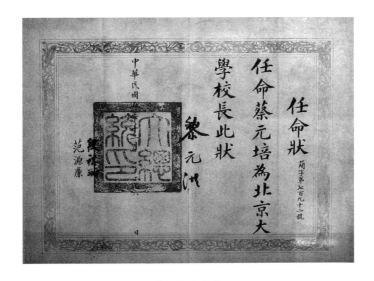

蔡元培任命状

（图片来源：蔡元培家属）

　　强调学术的至上地位是蔡元培大学改革的基本出发点。① 他在就职演说中开宗明义地说道："大学者，研究高深学问者也。"②因此，教师应是"纯粹之学问家"，学生应"于研究学问以外，别无何等之目的"。③ 针对中国几千年来"学而优则仕"的实用主义知识观及晚清功利主义知识观，他提出确立学术在大学中的独立价值。在他看来，知识与学术是大学改革与发展的根本前提，也是大学安身立命的基础。蔡元培力图把北京大学从"官僚养成所"变为研究高深学问之场所。他多次强调，大学应当远离官场和商场，教授和学生应当远离对名利的追逐，纯粹研究学问，而非以此作为谋取职业的手段。④

---

　　① 陈洪捷，蔡磊砢.蔡元培：中国现代教育的奠基人[J].苏州大学学报（教育科学版），2016，4(1)：96-104.
　　② 蔡元培.就任北京大学校长之演说[M]//高平叔.蔡元培全集：第3卷.北京：中华书局，1984：8.
　　③ 蔡元培.复吴敬恒函，读周春岳《大学改制之商榷》[M]//高平叔.蔡元培全集：第3卷.北京：中华书局，1984：11.
　　④ 陈洪捷，蔡磊砢.蔡元培：中国现代教育的奠基人[J].苏州大学学报（教育科学版），2016，4(1)：96-104.

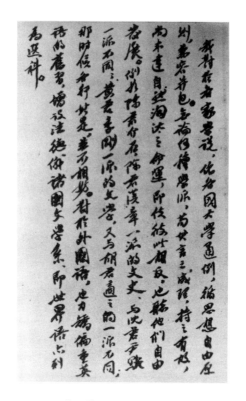

蔡元培《自写年谱》手迹

（图片来源：蔡元培家属）

蔡元培明确提出"循思想自由原则，取兼容并包主义"①，认为"无论为何种学派，苟其言之成理，持之有故，尚不达自然淘汰之命运者，虽彼此相反，而悉听其自由发展"②。也就是说，学术有其自身运行的规则，"言之成理，持之有故"，学术应自由发展。这显然与中国"数千年学术专制之积习"③针锋相对。这种态度鲜明地体现在聘请教员的过程中。蔡元培到任后将教员中滥竽充数者辞退，不拘一格聘请名师。他选聘教师并不看重资历及派别，而以是否具有真才实学作为衡量标准。蔡元培上任伊

---

① 蔡元培.蔡元培致《公言报》函并答林琴南函[M]//高平叔.蔡元培全集：第3卷.北京：中华书局，1984：271.

② 同上.

③ 蔡元培.《北京大学月刊》发刊词[M]//高平叔.蔡元培全集：第3卷.北京：中华书局，1984：210.

始即邀请陈独秀担任文科学长,推动民主和科学思想在北大传播;胡适在受邀前往北大任教授时年仅27岁;1917年,年仅24岁的梁漱溟也被蔡元培聘任到北大讲授印度哲学;同时对于一些旧派人物如辜鸿铭、刘师培等,蔡元培也看重其学术专长并予以聘任。在蔡元培的努力下,北京大学陆续聚集了鲁迅、刘半农、周作人、李四光、陶孟和等名师。他们之间虽时有争论或冲突,但在各自擅长的领域从事自由的教学与研究工作,形成了浓厚的学术氛围。此外,蔡元培在课外活动方面也充分保障自由之风,他提倡学生成立社团,不仅亲自参与部分社团的发起工作,还积极为社团活动提供场地和资金支持。蔡元培任校长期间,北京大学创办了诸多学生社团,如音乐研究会、书法研究会、风俗调查会等。① 同时蔡元培还鼓励学生创办学生刊物,邀请国内外学者、名流来校讲学,推行男女同校、倡导面向社会大众的平民教育。这一系列改革打破了一家独尊的学术传统,

1920年,蒋梦麟、蔡元培、胡适、李大钊西山合影

(图片来源:北京大学档案馆、校史馆)

---

① 陈洪捷,蔡磊砢.蔡元培:中国现代教育的奠基人[J].苏州大学学报(教育科学版),2016,4(1):96-104.

促使不同的学术观点进行对话与交锋,为开拓学术界、文化界的视野,促进学术研究、学科发展创造了有利条件。

二是确立了中国现代大学学术制度。蔡元培认为,高校师生不应仅满足于完成教学课程,还要拓展科研、积极进行学术深造,为此他希望能够仿照欧洲的制度建立研究机构,将北大改造为一所研究型大学。1917至1918年间,在蔡元培的主持之下,北京大学《研究所通则》与《研究所总章》出炉,对研究所的形式、组织等内容进行了详细规定,与此同时研究所的兴建工作也正式提上日程。① 同年底,北京大学文、理、法三科各门(即专业)分别成立研究所,1919年增设地质研究所。1920年,蔡元培打破科系限制,重新调整了研究所的布局结构,拟将其分为国学、社会科学、外国文学、自然科学共四大类(由于人力、经费等条件的局限,北京大学最终仅开办了国学研究所)。② 北京大学的研究所除指导学生从事研究外,还致力于出版定期刊物、考古调查、整理歌谣等工作,为学界培养了一批优秀的学术人才,是全国高校创办研究院所的典范。③ 研究所这种形式随即被一些大学效仿,东南大学(1924)、清华大学(1925)、厦门大学(1926)及燕京大学(1928)等都建立了类似的国学研究机构。

学术刊物及其审稿制度是现代学术制度的一个重要组成部分。④ 在蔡元培革新北大之前,中国鲜有学术刊物。蔡元培意识到,学术刊物对于学术研究具有重要意义,大学作为学术研究的场所,不仅需要有研究学术的活动,更需要以制度化的方式为学术研究成果的呈现、学者间的交流探讨提供固定的载体。在他的支持提议下,《北京大学月刊》(以下简称《月刊》)于1919年1月正式出版,这是北大创办的第一个学术刊物。《月刊》的发刊词、征稿启事及聘请编辑通知和出版合同,均由蔡元培亲自起草。

---

① 王学珍,郭建荣.北京大学史料:第2卷 1912—1937[M].北京:北京大学出版社,2000:1333-1336.
② 左玉河.蔡元培与五四时期中国现代大学制度的创建[J].河北学刊,2019(2):14-31.
③ 唐振常.蔡元培传[M].上海:上海人民出版社,2016:149.左玉河.蔡元培与五四时期中国现代大学制度的创建[J].河北学刊,2019(2):14-31.
④ 陈洪捷,蔡磊砢.蔡元培:中国现代教育的奠基人[J].苏州大学学报(教育科学版),2016,4(1):96-104.

值得注意的是,《月刊》规定,来稿内容属于某一学门的,要先送到该学门主任处,再由主任汇集交予编辑。这种制度化的评审过程对于明确学术标准、提高学术研究水准,具有重要意义。① 1922年,随着研究所的改组,北大开始发行《国学季刊》《自然科学季刊》《社会科学季刊》《文学季刊》四种专门化的学术刊物,这是对《月刊》分门编辑原则的深化。② 后来,这几种刊物逐渐取代了《月刊》的职能。

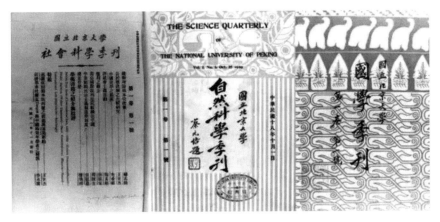

北京大学发行的部分学术刊物

(图片来源:全国报刊索引)

蔡元培完善学术制度的另一重要举措是进行学科体制改革。北大原有文、理、法、工、商五科并立,但在当时的社会,求学者为谋出路多偏重于选择法科、工科与商科,文理二科常受冷遇。蔡元培重视基础学科的作用,严格界定"学"与"术"的范围,不提倡学生为谋致用而忽视文理二科的学习,因此提出希望扩充文理两科,将北大办成文理两科为主的研究型大

---

① 陈洪捷,蔡磊砢.蔡元培:中国现代教育的奠基人[J].苏州大学学报(教育科学版),2016,4(1):96-104.

② 宋月红,真漫亚.蔡元培与《北京大学月刊》:兼论蔡元培对北京大学的学术革新[J].北京大学学报(哲学社会科学版),1997(6):65-73.

学,其理由有如下两点:一是"文、理二科,专属学理;其他各科,偏重致用"①;二是考虑到各科对于空间的需求量及北大的使用空间、基础设施情况,暂时仅能容纳文、理二科。蔡元培的设想得到了教育部的允准,随后增设了史学门、地质学门等类别,文理两科得以扩充。此外蔡元培还将商科归并法科,停止办工科并改革预科,这种重视基础学科的改革对北京大学的学科建设影响深远。在此基础之上,为推进学科分类的清晰化与合理化,蔡元培还实施"废门设系"的举措,将各科所属之门改为学系,设立了数学、物理、化学、地质学、哲学、中国文学等14个系,并废止原有的文理法三科之名,各科根据学系进行重新组合,北大的教师也可以在不同学系之间兼任课程,由此打破了学科界限,促进了学科之间的相互交融。②

在对学科体制进行学术性改革的同时,蔡元培还着意提升学分设置的灵活性。他深感此前的年级制下学分计算方式的僵化,因此主张废除年级制,改行"选科制",令学生在大学期间除修够固定的必修课程外,还可以自主选择一部分感兴趣的选修课,从而提升他们的学习兴趣与积极性。在蔡元培的支持下,选科制很快在北大推行开来,并得到教育部的采用。③

三是规范中国现代大学管理体制。任职北大后,蔡元培深感原有体制之集权弊端,表示"一切校务都由校长与学监主任、庶务主任少数人办理,并学长也没有与闻的"④,实际上早在民国初年蔡元培颁布《大学令》时,便已经提出了设立评议会、教授会等民主管理机构的措施,希望能够实施"教授治校"的管理模式,但由于种种原因未能正式推广。"教授治校",意指由学者自主治理大学,这种制度设计以设立评议会及教授会等

---

① 蔡元培.大学改制之事实及理由[M]//高平叔.蔡元培全集:第3卷.北京:中华书局,1986:131.
② 唐振常.蔡元培传[M].上海:上海人民出版社,2016:149.
③ 蔡元培.蔡元培自述[M].郑州:河南人民出版社,2004:112.
④ 蔡元培.回任北京大学校长在全体学生欢迎会上的演说词[M]//高平叔.蔡元培全集:第3卷.北京:中华书局,1984:342.

民主机构,并赋予其相应管理权力的方式体现出来。蔡元培担任北大校长后便依据这一思路进行了相应的改革。

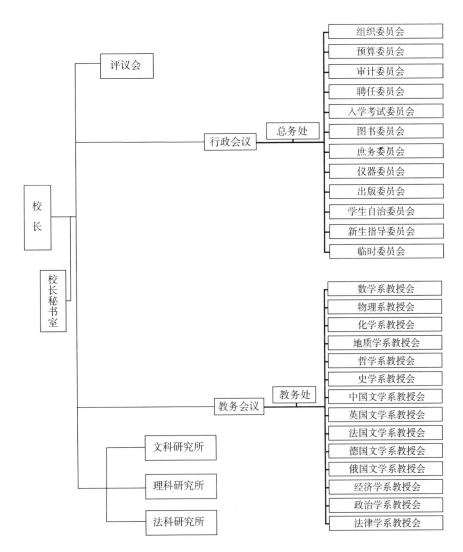

1919 年北京大学行政组织机构图

(图片来源:北京大学档案馆、校史馆)

1917年北京大学制定了评议会简章,对评议会的构成和职责进行了初步规定。依据简章内容,评议会由校长、各分科预科学长及预科主任科员、各分科及预科的国内专任教员组成,其中各科教员由教员中互选,每科两人,以一年为任期,任满可再被选。① 评议会改"校长集权"为"集体决策",使得教员们也具备了参与学校决策的可能,实现了学校管理权的民主化变革。在评议会成立后的几届选举之中,一批曾受过西式教育的新型知识分子纷纷进入这一组织,如马叙伦、马寅初、胡适等,他们思想开放且注重革新,为北京大学的改革注入了新鲜血液。此外,简章中对于评议会的讨论事项也有明确规定,包括:"(甲)各学科之设立及废止。(乙)讲座之种类。(丙)大学内部规则。(丁)关于学生风纪事项。(戊)审查大学生院成绩及请授学位者之合格与否。(己)教育总长及校长咨询事件。(庚)凡关于高等教育事项,得以本会意见,建议于教育总长。"② 整体而言,评议会是北京大学的立法机关和权力机构,它的决议过程包括提案、协商和决议三个部分,学校大事的决策都要经过评议会研讨审议。评议会成立后的几年间,陆续对北京大学的机构组织、教员招聘规则、学生招考标准等重大事项进行了议决。

在评议会议表决的诸多事项之中,最为重要之一即为《学科教授会组织法》的通过。这意味着在评议会之下,教授们能够通过教授会获得其所属学科内部的学术事务讨论权与决策权。《学科教授会组织法》规定,在不同重要学科各自合为一部的基础上,各部可自行设置教授会,会内设主任一人任期两年,由本部会员投票选举,每个部的教员,无论是研究科、本科还是预科,无论是教授、讲师还是外国教员,都是本部教授会的会员。教授会对于本部的教授方法及教科书的选择具有讨论决议之责,对于本部学科的增设废止、应用书籍及仪器的添置有参与讨论之责。③ 自《学科教授会组织法》颁布后,北京大学各部相继设立了教授会,教授会的组织将各学科事务的管理权进行了合理下放,它与评议会等机构共同构

---

① 郭强,胡金平.近代中国大学评议会制度的实践考察与实证探析[J].高等教育研究,2020,41(11):94.

② 王学珍,郭建荣.北京大学史料:第2卷 1912—1937[M].北京:北京大学出版社,2000:132.

③ 左玉河.历史的回响:五四运动百年凝眸与反思[J].河北学刊,2019,39(2):14-31.

成了北京大学"多元共治"的新型管理模式,这种教授治校体制的确立有效提升了教师们参与校园管理的积极性,推动了北京大学日常管理的民主化。①

蔡元培对北京大学的改革意义深远。在蔡元培的大力整顿下,北大从封建旧式学堂转变为现代大学,一大批思想先进、才华出众的学者脱颖而出,各学科领域的开山之作先后问世。蔡元培的改革不仅推动了现代大学制度的创建,更引领了社会思潮,他所营造出的开放、自由的学术环境,推动北大成为新文化运动的中心和中国最早传播马克思主义的发祥地,北京大学历史上的这个"蔡元培时代",奠定了北大优良的学术传统与光荣的革命传统。美国学者杜威曾这样评价蔡元培:"以一个校长身分,而能领导那所大学对一个民族、一个时代,起到转折作用的,除蔡元培而外,恐怕找不出第二个。"②

三、推动思想文化革新:北大成为新文化运动中心

新文化运动是现代中国一场广泛而深刻的社会与思想解放运动,在新旧思潮的激烈碰撞中,推动了中国的现代化进程。③ 北京大学既是新文化运动的组织发动者、历史见证者,又是新文化运动精神的传承者。新文化运动奠定了北大的精神内涵,开启了北大"常为新的"精神传统。

陈独秀、李大钊等人发起了新文化运动,他们提倡民主、反对专制,提倡科学、反对迷信。新文化运动带来的新思想引发先进知识分子与青年人的思考,产生了深刻的社会影响。新思想揭开了思想解放的帷幕,打破了禁锢人们思想的枷锁,各种思潮生机勃勃。受到十月革命与五四运动

---

① 唐振常.蔡元培传[M].上海:上海人民出版社,2016:156-157.蔡磊砢.教授治校与蔡元培时代的北大改革[D].北京:北京大学,2007.
② 高丹叔.北京大学的蔡元培时代[J].北京大学学报(哲学社会科学版),1998(2):54.
③ 龚群,安昭君.思想观念现代化运动:五四新文化运动[J].南昌大学学报(人文社会科学版),2020,51(4):5-11.

的影响,新文化运动以北大为中心,伴随着爱国运动迅速发展到全国各地。作为新文化运动的中心,北大人是新文化运动的中流砥柱、得力干将。在新文化运动中,北京大学的学生、教师、校友不断倡导与传播新文学、新思想、新道德。他们高举民主与科学的旗帜,在文学、哲学、教育、道德、思想等多个领域践行新文化运动的精神,坚决革新封建意识形态。行胜于言,他们还将新文化运动拓展到社会,向广大民众普及宣传新文化运动的精神。蔡元培先生在北大实施的改革举措与北大成为新文化运动中心紧密相关。① 当时很多人都认为,没有蔡元培先生主持的北京大学,就不可能有新文化运动,蔡元培先生在北大的改革为新文化运动创造了条件。改革前,北大是一所封建旧式学堂;改革后,北大转型为一所思想自由、兼容并包的现代大学。② 改革为新思想的发育与传播创造了土壤,新的办学宗旨支持开放办学,鼓励学校的学术活动、社团活动向社会敞开大门,支持与发展平民教育。③ 毛泽东就是在此期间进入北大图书馆工作,参与了大量学会、社团活动,研读了马克思主义学说相关著作,确立了马克思主义信仰。由北大人创办的《新青年》是新文化运动的文化阵地。1915 年,陈独秀在上海创办《青年杂志》,提出"科学与人权并重"的主张。由于战火纷扰,《青年杂志》首刊后被迫停刊。1916 年,《青年杂志》复刊,更名为《新青年》,陈独秀任主编,李大钊、胡适等人加入撰稿。在阅读《新青年》后,蔡元培说服陈独秀担任北大文科学长,《新青年》随之北迁。④ 章士钊、蔡元培、钱玄同、毛泽东、周作人、鲁迅、傅斯年等人成为《新青年》撰稿人。至此,北大与《新青年》成为新文化运动的主要阵地。

---

① 郑师渠.角色·个性:蔡元培与新文化运动[J].北京师范大学学报(社会科学版),2009,213(3):5-21.
② 高平叔.北京大学的蔡元培时代[J].北京大学学报(哲学社会科学版),1998(2):44-57.
③ 同上.
④ 郑师渠.角色·个性:蔡元培与新文化运动[J].北京师范大学学报(社会科学版),2009,213(3):5-21.

《新青年》杂志(左)与陈独秀像(右)

(图片来源:北京大学档案馆、校史馆)

1917年,《新青年》刊载了胡适的《文学改良刍议》。其中,胡适呼吁文学改良,倡导言之有物、思想高远、使用白话、不避俗语的新文学。① 胡适的文章开启了影响深远的文学革命。随后,陈独秀、钱玄同、刘半农等人纷纷撰文声援胡适的新文学主张。1918年,《新青年》改用白话刊发,并开设专栏刊登白话新诗。② 白话文运动为新文化、新知识、新思想的传播拓宽了媒介,新文化运动因此得以深入开展。白话文运动解放了封建制度在文化上的压制,反对封建礼教的新文化得以迅速传播。这场文学上的变革进一步引发了深刻的社会变革,为新文化运动奠定了基础。

---

① 旷新年.胡适与白话文运动[J].中国现代文学研究丛刊,1999(2):1-39.
② 张积玉,杜波.《新青年》与现代白话文运动[J].厦门大学学报(哲学社会科学版),2004(2):49-56.

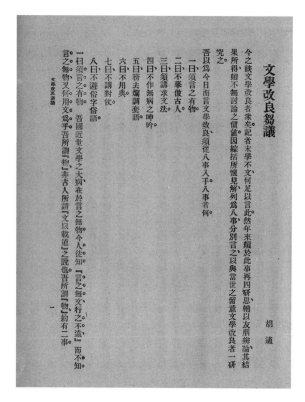

《文学改良刍议》(《新青年》第二卷第五号)

(图片来源:北京大学档案馆、校史馆)

受到《新青年》的影响,新文化活动相继展开。1918年,北大学生罗家伦、傅斯年、顾颉刚等人成立新潮社,创办《新潮》。他们将创办《新潮》称为"文艺复兴",以批判旧的文化、发展新文化为目标。[①] 同年,邓中夏等人成立国民社,在李大钊的指导下创办《国民》杂志。《国民》杂志以宣扬爱国主义为主。[②] 李大钊则是新文化运动中第一个举起马克思主义旗帜的人,他将新文化运动与马克思主义结合,探索国家与民族的出路。[③]

---

① 蔡秋彦.《新潮》与新文化运动[D].汕头:汕头大学,2007.
② 唐琪.五四时期《国民》杂志研究[D].长沙:湖南大学,2016.
③ 吴艳东,李强.马克思主义在中国的早期传播与大众化[J].湖北大学学报(哲学社会科学版),2008,176(5):20-24.

他与陈独秀联合创办了《每周评论》,提倡"主张公理、反对强权"①。在《庶民的胜利》《布尔什维主义的胜利》中,李大钊介绍了俄国十月革命②;在《我的马克思主义观》中,李大钊介绍了马克思唯物史观、政治经济学、科学社会主义。③ 同时期,进德会、哲学研究会、平民教育讲演团、马克思学说研究会等社团成立。这些社团与杂志成为新文化运动的主阵地,新文化运动中的学人们借此深化了新文化运动。

《新潮》杂志(左)与《国民》杂志(右)

(图片来源:北京大学档案馆、校史馆)

各种思潮的论战促使新旧文化斗争与政治革新结合在一起,社会改革的呼声越来越强,进步社团传播了新思想,凝聚了力量,为五四运动做了组织上的准备,推动从北京扩散到全国的进步社团形成联合的潮流。鲁迅曾深刻地指出:"北大是常为新的,改进的运动的先锋,要使中国向着好

---

① 焦柯楠.《每周评论》与马克思主义在中国的传播[J].中共云南省委党校学报,2021,22(5):119-127.

② 吕明灼.李大钊向共产主义者的转变:学习《庶民的胜利》和《布尔什维主义的胜利》[J].文史哲,1978(4):80-87.

③ 侯且岸.《我的马克思主义观》:中国共产党理论史的奠基之作[J].新视野,2011(6):7-10.

的,往上的道路走。"①"常为新"成为北大生生不息、砥砺奋进的重要基因。

四、推动爱国救亡运动:北大是五四运动的策源地

习近平总书记指出,"五四运动,爆发于民族危难之际,是一场以先进青年知识分子为先锋、广大人民群众参加的彻底反帝反封建的伟大爱国革命运动,是一场中国人民为拯救民族危亡、捍卫民族尊严、凝聚民族力量而掀起的伟大社会革命运动,是一场传播新思想新文化新知识的伟大思想启蒙运动和新文化运动……促进了马克思主义在中国的传播,促进了马克思主义同中国工人运动的结合,为中国共产党成立做了思想上干部上的准备,为新的革命力量、革命文化、革命斗争登上历史舞台创造了条件,是中国旧民主主义革命走向新民主主义革命的转折点。"②

北京大学是五四运动的策源地。在蔡元培先生的积极支持下,北大汇集了陈独秀、鲁迅、李大钊等爱国人士,他们寻求真理,探索救国之路。革新后的北大汇聚了教育救国、文化救国的思潮,师生们的爱国热情高涨。北大师生在这场伟大运动中发挥着重要的领导和先锋作用。从被毛泽东同志称为"五四运动总司令"的陈独秀,到在中国传播马克思主义的第一人李大钊,新文化运动的主将鲁迅,及在五四运动中冲锋陷阵的大批青年学生,无不彰显着北大青年百折不挠的坚强意志与无畏的牺牲精神。③他们是运动的发起人、宣言的起草人,是游行的先锋、革命的主力军,他们从北大红楼点燃五四之火,成为中华民族近代思想觉醒的先驱力量。五四运动是北大历史上光辉的篇章,奠定了北大深厚的爱国主义传统,所孕育的"爱国、进步、民主、科学"之精神,更是成为北大优良校风的核心内涵。

1919 年 2 月 5 日,北大学生两千余人集会推举出干事十余人,联合各

---

① 鲁迅.我观北大[M]//鲁迅.鲁迅文集:第 3 卷.北京:北京文学出版社,2005:168.
② 习近平.在纪念五四运动 100 周年大会上的讲话[N].人民日报,2019-05-01(2).
③ 任彦申."五四"精神与北大传统[J].学校党建与思想教育,1999(5):4.

校学生,致电出席巴黎和会的中国代表要求"不要让步"。5月1日和2日,国内获知巴黎和会拒绝中国请求的消息。5月3日,北大学生许德珩获知中国政府密令中国代表签字的消息,随即通知《国民》杂志社的代表开会,决定当晚召开全体学生临时会议。当晚,北大学生与来自北京高等师范学校、法政专门学校、高等工业学校的代表一同集会。许德珩负责起草宣言,谢绍敏血书"还我青岛"。会议决定联合社会各界一起斗争,通电巴黎特使拒绝签字,举行国耻游行示威运动。5月4日上午,北京大学等13校代表开会,当日决议下午在天安门前举行集会和游行示威。5月4日下午,以北大为首的北京高校三千多名学生代表冲破军警阻挠,云集天安门。傅斯年担任游行总指挥,集会宣读了《北京学生界宣言》,散发《北京全体学界通告》,喊出了"誓死力争、还我青岛""收回山东权利""废除二十一条""抵制日货""外争主权、内除国贼"等口号,并火烧赵家楼、痛打章宗祥。[1] 随后,军警出动,逮捕了学生代表32人,包括20名北大学生。五四运动获得社会各界人士的广泛关注,人们要求政府释放学生,五四运动迅速从北京发展到全国。

北京大学学生游行队伍

(图片来源:北京大学档案馆、校史馆)

---

[1] 朱成甲.北京大学与五四运动:兼论北大与教育救国、文化救国思潮的内在联系[J].北京大学学报(哲学社会科学版),2000(3):93-94.

5月4日之后,段祺瑞政府遭到抗议。彼时,临时国会在广州的议员有倒阁之势。迫于压力,加之蔡元培先生的多方努力,段祺瑞政府在5月7日释放了被捕学生。学生获释后,斗争并没有结束。由于巴黎和会上我国代表尚无不签字的表示,曹汝霖以学生火烧房屋、打人为由向为首学生起诉,蔡元培校长被迫辞职离校。5月9日,北大学生议决"停课待罪",表示坚决挽留蔡校长。北京各大专学校校长继蔡元培之后,全体提出辞职。北京各校学生组成了宣传小组,分别作街头讲演。[①]

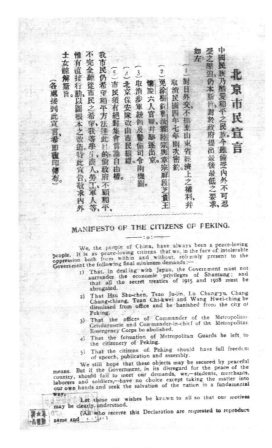

《北京市民宣言》

(图片来源:北京大学档案馆、校史馆)

---

① 许德珩.纪念"五四"话北大:我与北大[J].北京大学学报(哲学社会科学版),1979(2):10-11.

许德珩、黄日葵被推选为代表到天津、济南、南京、上海宣讲。5月21日,各地学联代表在上海召开群众大会成立各马路联络会。6月6日,上海商界、学界、工人、报界召开联合会,许德珩报告北京情况。与此同时,工商界开展了罢市运动。6月16日,全国学生联合会在先施公司东亚酒楼召开成立大会,许德珩、黄日葵、段锡朋代表北大出席会议。随后,各地分别成立学生联合会。① 在北大进步师生的推动下,五四爱国运动席卷全国,如火燎原。

五四运动是一场伟大的爱国运动和思想解放运动。毛泽东同志对五四运动的伟大意义从多方面给予了高度评价,认为它是辛亥革命都不曾有的"彻底地不妥协地反帝国主义和彻底地不妥协地反封建主义"的革命运动,"自有中国历史以来,还没有过这样伟大而彻底的文化革命"。② 习近平总书记在纪念五四运动100周年大会上的讲话中指出"这是中国近现代史上具有划时代意义的一个重大事件"③。百余年来,五四精神早已深深融入北大的历史血脉和文化基因,"爱国、进步、民主、科学"成为北大传承不息的光荣传统,一代又一代北大人在伟大的事业中融入了五四运动的爱国之情、报国之志,在亿万人民为实现中国梦而进行的伟大奋斗中实现人生价值。

五、孕育党的摇篮:北大是中国最早传播马克思主义的发祥地

(一)李大钊率先在北京大学宣传马克思主义

在当时的中国,李大钊是第一个举起马克思主义的旗帜,系统地接

---

① 朱成甲.北京大学与五四运动:兼论北大与教育救国、文化救国思潮的内在联系[J].北京大学学报(哲学社会科学版),2000(3):93-94.
② 任彦申."五四"精神与北大传统[J].学校党建与思想教育,1999(5):4.
③ 习近平.在纪念五四运动100周年大会上的讲话[N].人民日报,2019-05-01(2).

受、传播和实践马克思主义的播火者。李大钊,字守常,河北乐亭人。1913年,李大钊东渡日本,赴东京早稻田大学攻读政治学。留学期间,他最早接触了日本的社会主义思潮并深受影响,思想发生了重要转变。十月革命胜利后,李大钊进一步认识到马克思主义对中国社会的指导作用,其民族主义思想很快向马克思主义转化。

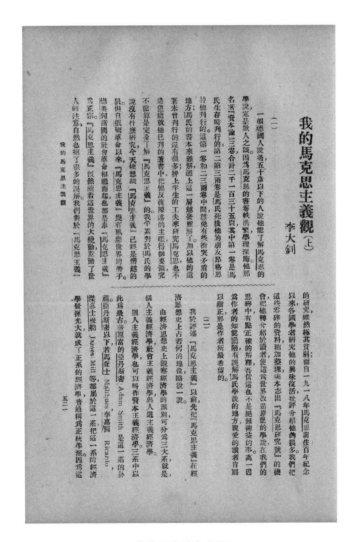

《我的马克思主义观》

(图片来源:北京大学档案馆、校史馆)

1918年7月,李大钊于《言治季刊》第3册发表《法俄革命之比较观》;同年11月、12月,先后发表《庶民的胜利》《Bolshevism的胜利》①等文章。这是中国无产阶级和先进知识分子拥护十月革命、接受和传播马克思主义的重要标志。1919年,李大钊在《新青年》上发表长文《我的马克思主义观》,系统全面地阐述了马克思主义基本原理,标志着中国的马克思主义传播进入了系统传播的阶段。在不断的研究与实践中,李大钊逐渐成为一名坚定的马克思主义者。

　　1918年1月中旬,李大钊正式就任北京大学图书馆主任一职,直到1927年4月被军阀杀害,他在北大工作、学习和战斗了九年多。北京大学的马克思主义研习、传播与实践活动就是从北京大学图书馆开始的。②李大钊到任后,对北大图书馆的业务进行了一些调整和改革,开始着力收集有关马克思学说和俄国十月革命的著作,诸多北大青年由此获得了接触马克思主义思想的机会,有力地推动了马克思主义的传播。1918年至1919年期间,毛泽东在北京大学图书馆担任过一段时间的助理员,这里的马克思主义氛围对他影响深远,毛泽东曾表示,他是在李大钊手下担任国立北京大学图书馆助理员的时候,迅速地朝着马克思主义的方向发展。③

　　1920年,李大钊受聘成为北京大学教授,开始将马克思主义搬上北大讲堂,在史学系、经济系、法律学系和政治系,先后开始讲授"唯物史观""社会主义与社会运动""工人的国际运动"等马克思主义理论课或讲座。据学生罗章龙回忆,李大钊的课程"无现成教本可循,要自己编写讲义,他的讲义从科学的唯物史观出发,立意创新,内容精当,而且篇幅很多。他在课前亲自散发讲义,每次都有十张八张,的确开全校风气之先,足见他

---

① 杨琥.李大钊年谱[M].昆明:云南教育出版社,2021:538-545.
② 闵维方,周其凤.北京大学与中国共产党纪念中国共产党成立九十周年[M].北京:北京大学出版社,2011:19.
③ 吴黎平.毛泽东一九三六年同斯诺的谈话[M].北京:人民出版社,1979:34.

是经过了长期准备的"①。李大钊的马克思主义课程讲述系统,将理论联系历史加以验证,既生动丰富,又具有说服力,同学们听课十分踊跃,教室常常座无虚席。在现存的档案中,有一份北大学生贺廷珊关于"试述马克斯唯物史观的要义并其及于现代史学的影响"一题的答卷,这份试卷论述清晰、结构明确,李大钊给了95分的高分,这也从侧面反映了当时北京大学传播马克思主义的成效。②李大钊在北京大学的马克思主义传播实践激励了众多北大学生研读与践行马克思主义理论,极大地促进了马克思主义在红楼生根、萌芽,并对其在全国传播起到了深远的影响。

"唯物史观"课试卷

(图片来源:北京大学档案馆、校史馆)

(二)"马克斯学说研究会"等进步社团成立

1920年3月,在李大钊的指导下,罗章龙、王复生等在北京大学秘密发起组织成立"马克斯学说研究会"。当时的《发起马克斯学说研究会启事》中说:"我们根据这两个要求,所以各人都觉得应有一个分工互助的共学组织,袪除事实上的困难,上年三月间便发起了这一个研究会。"③这是我国最早出现的、有组织有计划地研究和宣传马克思主义的革命团体,在北大乃至中国马克思主义发展史上,都有重要意义。④中国共产党成立

---

① 罗章龙:罗章龙记忆中的守常先生[M]//张庆远.师德言行集.成都:四川教育出版社,1989:164.
② 郭俊英.北大红楼历史沿革考论[M].北京:文物出版社,2012:235.
③ 发起马克斯学说研究会启事[N].北京大学日刊,1921-11-17.
④ 张国焘.我的回忆[M].北京:现代史料编刊社,1980:81-83.

以后,中国共产党北京支部为了征集会员,扩大马克思主义的研究和宣传,决定把"马克斯学说研究会"在校内完全公开,并在《北京大学日刊》上刊出启事,明确提出"以研究关于马克斯派的著述为目的","对于马克斯派学说研究有兴味的和愿意研究马氏学说的人,都可以做本会底会员"。① 研究会建立了"亢慕义斋"(意为共产主义)图书室,到1922年,图书室已有几十种外文书籍,其中包括《共产党宣言》《共产主义原理》《社会主义从空想到科学的发展》等经典著作,极大地拓展了当时进步青年接触马克思主义的渠道。

1921年11月17日刊登在《北京大学日刊》上的《发起马克斯学说研究会启事》

(图片来源:北京大学档案馆、校史馆)

"马克斯学说研究会"的工作主要通过三种形式进行:第一是将研究会成员分为若干小组,各自对某一问题进行研究,并开会进行集体讨论;第二是定期讲演,即约请教授、学者就马克思列宁主义或国际工人运动作学术报告;第三是通过公开辩论来进行宣传。"马克斯学说研究会"还曾在红楼中开展过一次为期两天的大辩论,辩论的主题是"社会主义是否适合于中国",辩论会参加者众多,其中很多是北京各大学及专门学校的学生和教员。李大钊在会后的发言总结中,用唯物史观的观点详细地说明了人类社会发展的规律,令人心悦诚服。据参与者回忆,"李大钊的发言引起了大多数听众研究马克思主义的兴趣,此后不久,马克斯学说研究会

---

① 罗章龙.回忆北京大学马克思学说研究会[M]//中国社会科学院现代史研究室,中国革命博物馆党史研究室."一大"前后(二).北京:人民出版社,1980:188.

的成员竟增加到数十人之多,同时其他各专校也成立了这样的研究会"。①研究会自1920年3月初步组建以来,前后持续时间达六七年之久,它以北大学生为核心,后来还陆续发展工人加入,成为发展铁路工会、培养工会干部的渠道之一。②参与"马克斯学说研究会"的许多进步师生后期都加入了北京共产党早期组织,为党的成立提供了重要助力。除马克斯学说研究会外,北大还先后成立了北京大学社会主义研究会、少年中国学会等一批进步社团组织,关于马克思主义相关学说的学习逐渐走向组织化、公开化。

北大"马克斯学说研究会"1921年会员合影

(图片来源:北京大学档案馆、校史馆)

(三)平民教育讲演团对工人运动的探索

北京大学平民教育讲演团是北大师生传播马克思主义、开展工人运动的重要渠道。1919年3月,由北大学生邓中夏、廖书仓等人发起的北

---

① 朱务善.回忆北大马克斯学说研究会[M]//张允侯,等.五四时期的社团(二).北京:生活·读书·新知三联书店,1979:296.

② 罗章龙.亢斋回忆录:记和守常同志在一起的日子[M]//许德珩,等.回忆李大钊.北京:人民出版社,1980:40-43.

京大学平民教育讲演团成立,它最初以"增进平民智识,唤醒平民自觉心"为宗旨,通过讲演的方式向社会普及教育。① 讲演团在成立初期以城市讲演为主,1920年3月"马克斯学说研究会"成立之后,讲演团的活动方式发生了变化。由于"马克斯学说研究会"在最初成立时有近一半的成员隶属于平民教育讲演团,受马克思主义观念的影响,平民教育讲演团除城市讲演外,进一步开拓乡村讲演、工厂讲演,向工农群众开展教育。

在讲演的过程中,学生们发现北京长辛店的工人对他们的讲演内容很感兴趣,就将长辛店设为固定讲演地点,隔周去进行宣讲。讲演团还深入工人家中,与工人同吃同住,体验工人生活。1920年年底,邓中夏等人以平民教育讲演团的名义到长辛店,决定借提倡平民教育的方式开办劳动补习学校,这个想法得到了工人们的强烈赞同。1921年1月1日,长辛店劳动补习学校正式开学,白天主要教授工人的孩子,晚上教授工人。当时的教员除讲演团的成员外,还有北京共产主义小组的成员和团结在小组外围的一群革命青年,李大钊也曾亲自到长辛店劳动补习学校视察。② 北大学生的课程开展得较为顺利,据时人回忆:

> 常识课从为什么下雨,为什么打雷,一直讲到政治上,讲到什么是政党。先讲资产阶级的政党,后来讲工人阶级的政党,讲到工人阶级为什么要有政党,讲到马克思主义的主要内容——阶级斗争理论,讲到为什么要承认苏联,讲到工人阶级的组织——工会……讲课内容慢慢的深入和系统化。③

在工人对马克思主义知识有了系统认识之后,学生慢慢将相关书籍与刊物介绍给他们,如各地共产主义小组的刊物《劳动音》《共产党》,以及一些革命理论书籍如《共产党宣言》《国家与革命》等,引导工人对马克思主义理论产生更为浓厚的兴趣,并取得了良好的效果。1921年5月,长

---

① 张允侯,等.五四时期的社团(二)[M].北京:生活·读书·新知三联书店,1979:136.
② 同上书:263.
③ 同上书:265.

辛店工会成立。同年8月,长辛店铁路工人在党组织的带领下举行了第一次大罢工,在各地工人和民众的支持下,罢工持续了三天,工人们的要求得到了当时政府的允准,取得了胜利。随后,长辛店工人王俊作为中国工人阶级的代表赴莫斯科参加共产国际会议,亲自聆听了列宁的讲话。①作为早期建立的工人学校,长辛店劳动补习学校在党的工人运动中发挥了不可忽视的作用,虽然1923年二七大罢工失败后长辛店劳动补习学校被查封,但中国的工人阶级却逐渐走上了历史舞台,成为中国共产党革命过程中一支坚定的政治力量。

北京大学是马克思主义的发祥地,也是中国共产党的孕育之地,它培养了最早的一批共产主义知识分子和马克思主义者,为中国共产党的建立创造了必要条件。中国共产党的主要创始人和一些早期活动家,正是在北京大学学习、工作期间开始阅读马克思主义著作,积极进行相关实践,由此坚定了马克思主义的信仰。

六、推动党组织建立:北大是中国共产党最早的活动基地

(一)北京共产党组织的成立

在李大钊等人的努力下,北大成为研究和传播马克思主义的中心,邓中夏、毛泽东、高君宇等一批共产主义知识分子和早期马克思主义信仰者逐渐成长起来。他们中间的一些人开始到工人中去进行活动,使中国工人运动与马克思主义初步结合起来。这样,建立一个以马克思主义理论为指导的工人阶级革命政党的任务就被提到议事日程上来了。

1920年2月,李大钊在秘密护送陈独秀去天津转道上海的途中,两人商谈了筹建中国共产党的计划。1920年8月,陈独秀在上海组建中国

---

① 王建初,孙茂生.中国工人运动史[M].沈阳:辽宁人民出版社,1987:44-90.

共产党早期组织。10月,"北京共产党小组"在北大红楼图书馆主任室成立,是北京的共产党早期组织,成员包括李大钊(教授)、张申府(讲师)、张国焘(学生)三人,皆为北大师生。李大钊自愿从每月薪俸中捐出80元作为小组活动经费。此后,越来越多的进步师生相继加入。11月,该小组举行会议,决定改名为"共产党北京支部",李大钊任支部书记,张国焘负责组织工作,罗章龙负责宣传工作。当时共有成员14人,其中北大师生11人,北大校友1人,这是北京和北方地区的第一个共产党的早期组织。①

位于北大红楼二层西南角的第三十六教室,李大钊、鲁迅都曾在这里登上讲台

(图片来源:编者实地拍摄)

北京大学师生在早期中国共产党筹建和发展中发挥了重要作用。中共"一大"前,全国共有8个地区建立了党的早期组织,其中6个地区的组

---

① 杨琥.北京大学于中国共产党创建之贡献[J].前线,2020(10):42.

织负责人是北大师生或校友;全国53名党员中,在北大入党的师生11人,在北大学习及工作过已离校的校友10人,两项合计共21人,占党员总数的40%左右。①

北京的共产党早期组织成立后,进一步深入开展学习、研究和宣传马克思主义的活动,坚决同无政府主义等思潮做斗争。其活动范围并不局限于北京,还派遣党员回到家乡或前往其他地区宣传马克思主义思想,开展建党建团活动,如王尽美在山东,张太雷在天津,袁玉冰在江西,纷纷成立党的早期组织或马克思主义研究会②,推动了全国性统一组织的建立。

1921年7月,中国共产党应运而生。这是中国开天辟地的大事,深刻改变了近代以后中华民族发展的方向和进程,深刻改变了中国人民和中华民族的前途和命运,深刻改变了世界发展的趋势和格局。③ 出席中共"一大"的13名代表中有北大学生、校友5人,占代表总数的38.5%。④

1921年,根据中共"一大"通过的《中国共产党纲领》的相关规定,成立中共北京地方委员会。委员会由4名委员组成,李大钊任书记,罗章龙任组织委员,高君宇任宣传委员,李梅羹任财务委员。地委机关设在沙滩北大红楼。当时北京地区的党员共20名,其中17名来自北大。⑤ 下半年,在原有中国共产党北京支部的基础上,成立了北京大学党支部,这是当时北京地委下设的唯一的支部,其中支部党员大多数是北大师生。后来党员逐渐由北京大学发展到女师大、高师、朝阳等学校,遂又建立了东城和西城两个支部。东城支部主要以北京大学的党员为主,随后又陆续吸收了一些进步学生入党。在北京大学党支部的影响下,天津、张家口、

---

① 北京大学校史馆.北京大学校史馆展览导读[Z].2003:43.
② 中共党史人物研究会.中共党史人物传:第7卷[M].西安:陕西人民出版社,1983:110-113.
③ 习近平.在庆祝中国共产党成立100周年大会上的讲话[N].人民日报,2021-07-02(2).
④ 北京大学校史馆.北京大学校史馆展览导读[Z].2003:43.
⑤ 王学珍,王效挺,黄文一,等.北京大学纪事:1898—1997[M].北京:北京大学出版社,2008:90-91.

唐山、保定等地也相继建立了中共支部。①

罗章龙(左)、高君宇(中)、李梅羹(右)

(图片来源:北京大学档案馆、校史馆)

从中共一大到中共三大,每次代表大会选举的中央领导机构人选中,北大人都占很高比例。第一届临时中央局委员3人,出身北京大学者2人(陈独秀、张国焘);第二届中央执行委员会5人,出身北京大学者4人(陈独秀、张国焘、高君宇、邓中夏);第三届中央执行委员会9人,出身北京大学者5人(陈独秀、李大钊、毛泽东、谭平山、罗章龙)。② 北京大学进步师生为实践马克思主义,在党的创建和早期发展中,提供了坚固的组织基础和卓越的领导人。

(二)紧密结合劳工运动

五四运动后,中国工人阶级在政治舞台上展现出越来越强大的力量。随着革命形势的发展,北京的共产党早期组织不仅着力于纯理论的研究和宣传,而且尝试以马克思主义指导中国革命实际,努力发动工人阶级开

---

① 闵维方,周其凤.北京大学与中国共产党纪念中国共产党成立九十周年[M].北京:北京大学出版社,2011:81.
② 同上.

展劳工运动。

《劳动音》作为北京的共产党早期组织机关刊物,始终强调与工人运动紧密结合。其创刊号的第一篇文章《我们为什么出版这个〈劳动音〉呢》,就阐明了办刊宗旨为"提倡劳动主义",指出"劳动就是进化的原动力,劳动就是世界文明的根源,劳动就是增进人生的幸福"。① 在另一篇文章《劳动运动的新生命》中,则批评共产主义知识分子过去"只向智识阶级作'学理'的宣传,而不向无产阶级作实际的运动"②,明确指出发动工人运动的重要性。《劳动音》先后刊载《唐山煤矿葬送工人大惨剧》《南京机织工人大暴动》《纪南京机织工人暴动情形》等文章,密切关注劳工运动的形势发展。

《劳动音》
(图片来源:北京大学档案馆、校史馆)

北京的共产党早期组织坚持坐言起行,不断选派组员到长辛店、唐山等地的工人中去活动,帮助广大工友启蒙阶级觉悟。1921年元旦,在北大的资助下,长辛店劳动补习学校正式开学,北大学生与工人一起学习、共同劳动,将马克思主义理论与产业工人实践相结合,为劳工运动的进一步开展培养了一批重要骨干。

1921年7月,北京的共产党早期组织还创办了《工人周刊》,北大学生罗章龙任主编。该刊主要内容分为评论、演说、劳动新闻、工人疾苦、内外政闻、劳动调查、自由演坛、通讯等栏目,积极宣传马克思主义学说,大量报道国内外工人阶级斗争情况,激发广大工人的阶级觉悟,推动各地组建工会。如《无产阶级的战术》一文呼吁工人联合起来进行阶级斗争,"第一步,

---

① 我们为什么出版这个《劳动音》呢[J]. 劳动音,1920-11-07(1).
② 劳动运动的新生命[J]. 劳动音,1920-11-07(1).

把国家变成无产阶级的国家,定出无产阶级的法律……第二步,防备有产阶级的反攻……全社会的人都过平等的生活,都在一种共产的社会内,没有阶级,没有国家,也没有种族之分"。① 1922年夏,劳动组合书记部由上海迁来北京后,《工人周刊》成为劳动组合书记部指导工人运动的机关报。

通过与劳工运动的紧密结合,北京的共产党早期组织实现了工作重心的转变,将社会主义理论与革命实际融会贯通,在斗争实践中历练了队伍,为革命新高潮的到来做好了准备。

七、红楼飞雪:老北大永远的象征

红楼始建于1916年,1918年建成,直到1952年前,一直是北京大学的主要校舍所在地之一,也是老北大校园的象征。近现代中国命运的走向与这座建筑有着紧密的关联,诸多历史事件、名人学者都曾在红楼留有独一无二的印迹。北大红楼如同一本物化的史书,蕴含着丰富的历史文化内涵,是中国近现代历史上一座屹立不倒的红色丰碑。

(一)红楼的筹建

红楼并非是北京大学的原始校址,北大前身京师大学堂的校址原位于马神庙与译学馆。红楼的兴建始于1916年,当时学生数量不断增长,此前的校舍已经不能满足学生的日常需求。为解决场地问题,1916年,时任北大校长胡仁源及预科学长余崇钦与比利时仪品公司订立了借款合同,共借款二十万元,准备着手新建一所预科学生宿舍。借款事项由教育部提出,并经国务会议通过。这栋宿舍楼于同年10月开工,原本定于次年8月完工,预计建造房间300间,约能容纳1300人,但由于工人们在挖掘的过程中发现"地内有甚深之古池二处",因此仪品公司不得不暂停施

---

① 无产阶级的战术[J].工人周刊,1922-02-19(1).

工,将图样重新改画后再行动工。经过调整,新图较旧图约少房屋七间,工期也延后了近一年。这座建筑通体采用红砖砌筑、红瓦铺顶,因此常被人们称作"红楼"。①

1921年的北大红楼

(图片来源:北京大学档案馆、校史馆)

1916年年底,蔡元培被任命为北京大学校长。他担任校长后,对北京大学进行了大力的整顿。蔡元培曾游历欧洲,在对比了德法等国高等教育的情况后,他深感本国高等教育的落后,因此自1917年开始对北京大学进行扩招,使得学校录取学生的数量大幅增加。在这种情况下,较建造宿舍楼而言,扩充教学场所更是当务之急,北京大学遂于1918年3月决定将新宿舍楼改作教学楼,初定为文科教室及研究所、图书馆及部分机关的所在地。

红楼原计划是作为预科宿舍而建,当时走进楼内仍能见到密集的房门。改造后学校将三间宿舍打通作为一间教室,中间一扇门关闭。② 功

---

① 夏元瑮.新建筑记[M]//王学珍,郭建荣.北京大学史料:第2卷 1912—1937.北京:北京大学出版社,2000:2121-2122.

② 邓云乡.红楼[M]//陈平原,夏晓虹.北大旧事.北京:北京大学出版社,2009:464.

能的变化也改变了北大向仪品公司还款的途径,此前学校曾计划红楼建成后按月向每名学生收取住宿费两元,用以归还那笔二十万元的借款,但改作教室后这一途径无法继续实施,故而北京大学向教育部申请通过每年增加教育经费来偿还这笔债务,还款的对象实际上由学生变为政府。1918年8月红楼最终完工,9月起学校相关部门陆续搬入红楼办公,9月30日文科教务处及文科事务室迁入,10月2日文科课程开始在红楼上课,10月22日北大图书馆搬迁完毕。①

(二)红楼的结构与位置

红楼是一所砖木结构的"凹"字形建筑,算上地下室共有五层,地上四层,地下一层。② 红楼初建成后,一层几乎全部由图书馆所占据,共有书库、阅览室、编目室、藏报室等二十余间房间。李大钊时任北京大学图书馆主任,他的办公室即设在一层的东南角。红楼的二层在当时主要是学

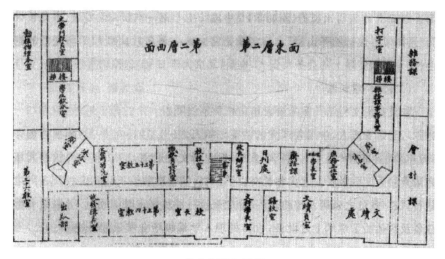

北大红楼二层图

(图片来源:《北大红楼历史沿革考论》)

---

① 郭俊英.北大红楼历史沿革考论[M].北京:文物出版社,2012:17-22.
② 邓云乡.红楼[M]//陈平原,夏晓虹.北大旧事.北京:北京大学出版社,2009:464.

校各个部门的办公室,校长、各科学长、庶务主任们均在此办公,蔡元培和文科学长陈独秀曾同时在这一层工作,二人的办公室距离很近,彼此之间仅以一条过道相隔,此外部分教学场所和出版部也设在本层。三四层则多为教学区,内有各科教室,供学生上课所用。红楼的北方是一片宽阔的大操场,学校的部分体育活动在此进行,北大学生军成立后也曾在这片场地上训练。[①]

今日北大红楼

(图片来源:编者实地拍摄)

红楼所处的地理位置十分优越,它东通东西牌楼,西通西四牌楼,南行不远是王府井大街、东安市场,北行一段便是地安门、鼓楼,距离故宫、

---

① 郭俊英.北大红楼历史沿革考论[M].北京:文物出版社,2012:16-41.

景山、三海等景观也仅有几百步之遥。① 在建成后很长一段时间,红楼都是北京城里极具代表性的西式建筑,据学生回忆,当时北京内城基本上没有什么西式楼房,"因此红楼一建成,便成为庞然大物,有雄视一方之势了,这种局面,一直持续了三十来年,由于这三十多年的'雄视一方',而且又在东西城的要道上,所以'红楼'便成为北京大学的代名词了"。② 值得一提的是,红楼一带还有另外一个比较通俗的名字,唤作"沙滩"。至于被称为"沙滩"的原因众说纷纭,有人认为与当时的气候有关,因为北京从深秋开始直至暮春大约七个月的时间里,都是风沙满天,而红楼附近的街道上并无过多草木,因此街上常常能够见到飘起的尘土,这或许就是"沙滩"一称的由来。③

(三)红楼与新思潮

1919年北大"废门设系",红楼所在的"沙滩"校区改称北大第一院,原马神庙和译学馆校区分别称作第二院与第三院。红楼建造虽晚,但由于在新文化运动中所发挥的作用,很快成为北大校址的重心,以致当时的求学之人认为北大"是以沙滩第一院为主的,对于第二院和第三院,好像只是沙滩扩大了范围"④。蔡元培担任北京大学校长之后锐意革新,循思想自由原则、取兼容并包主义,同时不拘一格聘请人才。陈独秀、胡适等人相继进入北大任教,促进了新思潮在北京大学的快速传播,红楼成为这个波澜壮阔时代的历史亲历者。它是追求新知的胜地,由于蔡元培的提倡与支持,北京大学建立了诸多类型的社团,红楼建成之后便成为学生社团重要的活动场所,如新潮社、哲学研究会、新闻学会、书法研究社、平民教育讲演团等社团都曾将会址设在红楼;它是新文化运动的策源地,《新青年》的同人们也常常在此集会,新文化运动中颇有影响的《每周评论》刊

---

① 张中行.沙滩的住[M]//陈平原,夏晓虹.北大旧事.北京:北京大学出版社,2009:473.
② 邓云乡.红楼[M]//陈平原,夏晓虹.北大旧事.北京:北京大学出版社,2009:464.
③ 柳存仁.北大和北大人[M]//陈平原,夏晓虹.北大旧事.北京:北京大学出版,2009:279.
④ 钦文.忆沙滩[M]//陈平原,夏晓虹.北大旧事.北京:北京大学出版社,2009:461.

物即诞生于红楼二层陈独秀的文科学长室,民主和科学的旗帜在这座建筑中升起;它是民主爱国运动的见证者,五四运动当天散发的《北京学界全体通告》起草于红楼,中国的学生在此发出了"外争国权、内惩国贼"的呼号,红楼后排的操场更是五四游行的起点。它亦是赤旗飘扬之所,在李大钊先生的带领下,红楼的图书馆成为传播马克思主义思想的重要阵地。他率先开设的"唯物史观"等马克思主义课程也都在红楼讲授,北京共产党小组即诞生于李大钊的办公室。毛泽东也曾在图书馆任助理员,对马克思主义的认识和学习影响了他的一生。① 此外,红楼周边街区的氛围在北大的带动下独树一帜。20 世纪 20 年代,由于频繁的军阀混战,当时的北京城"时而死气沉沉,时而群魔乱舞"②,但是北大红楼所在的沙滩一带却是另一番景象,由于北京大学校内所营造的兼容并包气氛,彼时的红楼为北京带去了罕见的新鲜气息,令周边的人们感到举目所见,一切都是与众不同的舒畅之感。③

红楼被誉为早期中国共产党人的摇篮,中国先进知识分子探索国家出路的爱国精神与革命实践,在这里留下了光辉的印记。历史川流不息,精神代代相传,红楼见证了这段激情燃烧的岁月,承载了这些波澜壮阔的篇章,它是激励新时代青年奋勇向前的精神坐标,引领着一代又一代北大人为民族复兴与祖国的繁荣昌盛而不断奋斗。

八、学府北辰:西南联大的辉煌

卢沟桥的枪声打破了书斋的宁静,战火蔓延,平津沦陷,北大师生被迫踏上了漫漫西迁之路。几经辗转,1937 年 11 月 1 日,由国立北京大学、国立清华大学、私立南开大学组建成立的国立长沙临时大学在长沙开

---

① 郭俊英.北大红楼历史沿革考论[M].北京:文物出版社,2012:16-41,187-195,211-235.
② 冯至.但开风气不为师[M]//陈平原,夏晓虹.北大旧事.北京:北京大学出版社,2009:201.
③ 川岛."五四"杂忆[M]//陈平原,夏晓虹.北大旧事.北京:北京大学出版社,2009:192.

学。此后因日寇迫近,1938年2月中旬,经国民政府教育部批准,长沙临时大学分三路西迁昆明。1938年4月,改称国立西南联合大学。

国立西南联合大学

(图片来源:北京大学档案馆、校史馆)

从1937年8月国民政府教育部决定筹建国立长沙临时大学开始,到1946年7月31日国立西南联合大学停止办学,西南联大前后共存在了8年零11个月,"内树学术自由之规模,外来民主堡垒之称号",保存了抗战时期的重要科研力量,培养了一大批卓有成就的优秀人才,为中国和世界的发展进步做出了杰出贡献。

(一)西迁:辞却了五朝宫阙

抗战全面爆发后,北大师生立即发表宣言,痛斥日本军阀的暴行,严正指出"破坏和平摧残文化的罪魁,是日本而不是中国"[①]。在日寇的疯

---

① 王学珍,王效挺,黄文一,等.北京大学纪事:1898—1997[M].北京:北京大学出版社,2008:300.

狂肆虐下,为了保存中华文脉的火种,北大与清华、南开三校先是暂驻于衡山湘水的长沙,后又迁往春城昆明。

在这段颠沛流离的岁月中,由284名学生和11名教师组成的"湘黔滇旅行团"以其壮举震惊了世界。旅行团从长沙出发,步行经湘西横穿贵州前往昆明,自1938年2月20日启程,4月28日抵达,历时68天,行程3500华里,除以车船代步、旅途休整外,实际步行40天,平均每天走60多华里,总计步行2600余华里,比原计划的步行里程超出了一倍。全体学生身穿土黄色军服,绑裹腿,背干粮袋、水壶、黑棉大衣,以及草鞋和雨伞。教师除穿便服外,配备也与学生基本相同。行军开始时,一天走几十里,旅行团师生们全都双腿酸胀肿痛、脚起水泡,疼痛难耐。① 长途跋涉也不因天气恶劣而中断,即使大雨倾盆,师生依然撑着雨伞行进,踩着草鞋的双脚不得不浸泡在泥泞的污水里。住宿环境亦是非常糟糕,一般在赶马帮的客栈、学校、古庙投宿,有时也能打地铺勉强凑合。碰到雨雪天

西迁途中的师生们

(图片来源:北京大学档案馆、校史馆)

---

① 赵新林,张国龙.西南联大:战火的洗礼[M].上海:上海教育出版社,2000:21.

气,师生只好把雨布盖在被子上,将头蒙住,在滴答的雨声中入眠。艰辛历程并没有压垮师生,他们响应"搬家亦教育"的号召,冒着生命危险,穿越一道道火线,用脚步丈量祖国大地,深刻体悟民间疾苦与社会百态,筚路蓝缕,披荆斩棘,谱写了中国现代教育史上可歌可泣的篇章。

(二)大师的背影

西南联大虽然只存在了短短八年,却诞生了172位院士、8位"两弹一星元勋"、2位诺贝尔奖获得者、9位党和国家领导人以及100多位人文大师,创造了一系列举世闻名的传奇。

西南联大共设有5个学院(文学、法商、理科、工科、师范),26个系,另设有2个专修科(电讯、师范)、1个普修班(在职教员的普修班)和1个先修班。虽无豪华大楼,却是大师云集。自然科学方面,有江泽涵、陈岱孙、华罗庚、陈省身、赵访熊、吴有训、王竹溪、周培源、张文裕、赵忠尧、吴大猷、黄子卿、曾昭抡、杨石先等;人文社会科学方面,有闻一多、朱自清、陈寅恪、杨振声、向达、罗常培、王力、罗庸、冯友兰、汤用彤、金岳霖、钱锺书、沈从文、费孝通等。在国难当头、物质生活条件匮乏的艰难时局下,他们安贫乐道、潜心治学、诲人不倦,以深厚的学识和高尚的人格为民族传承文明的火种,取得了丰硕的科研学术成果,培养出了一大批优秀人才。

哲学系主任汤用彤受命于战时主持北大文科研究所,他提出"使大学本科文学院教师与研究所融合为一,促进其研究之兴趣……聘请国内学者充实研究所任导师,除自行研究外,负指导学生之责。如此则学生受教亲切,成绩应更优良"①,积极推进北大的人文学术研究工作。这时

汤用彤像

(图片来源:北京大学
档案馆、校史馆)

---

① 耿云志.胡适遗稿及秘藏书信:第36册[M].合肥:黄山书社,1994:469-470.

期的北大文研所聘请了袁家骅、贺麟、董作宾等一批著名学者担任导师，印行向达的《唐代俗讲考》、罗常培的《贡山俅语初探》、郑天挺的《隋书西域传附国之地望与对音》、张政烺的《宋故四川安抚置制副使知重庆彭忠烈公事辑》、陈康的《论柏拉图巴门尼德斯篇》等优秀论文，开展敦煌文物复查、藏汉系语言调查，还举办一系列学术演讲会[①]，培育了一批后来在海峡两岸都拥有重大影响力的人文学者，为中华民族的复兴积聚了深厚的文化力量。

饶毓泰像

（图片来源：北京大学档案馆、校史馆）

物理系主任饶毓泰开设和讲授"光学""光的电磁理论"等课程，指导学生在原子、分子结构和光谱学研究领域做了大量工作，涉及苯的拉曼光谱、烃分子、卤代烃分子、线性不对称三原子、氦原子、锂原子、电子分子碰撞激发以及大气上层氮原子存在问题等，发表论文二十余篇。他还与吴有训、叶企孙、赵忠尧、周培源、吴大猷、王竹溪等名师齐心协力，精心培养了众多优秀人才，如杨振宁、黄昆、张守廉、邓稼先、朱光亚、李荫远、黄授书、李政道等。1944年他自费赴美，开展分子光谱研究，测定了光谱的退偏速度，获取了含同位素气体分子的转动光谱和分子内部运动的重要信息。[②] 在他的努力推动下，西南联大物理系的教学与科研工作硕果累累，取得了令人瞩目的成就。

化学系教授曾昭抡不仅注重理论研究，更强调实践教学，带领学生考察裕滇纺织公司、昆明化工厂、云南酒精厂、云南钢铁厂、云南炼铜厂、个旧锡矿等厂矿，帮助学生深化对专业知识的理解和应用。1941年7月至10月，他率联大川康科学考察团从昆明出发，经会理、西昌进入大凉山彝

---

① 王学珍,郭建荣.北京大学史料:第4卷 1946—1948[M].北京:北京大学出版社,2000:568-569.
② 张剑.饶毓泰与北京大学物理系[J].科学文化评论,2015(6):71-92.

区,往返行程3177公里,沿途参观访问会理鹿厂铜矿、国立西康技艺专科学校,并对彝族地区的地理环境、文化风俗和自然资源等方面进行了研究。他希望通过身体力行,"能使中国青年,对于边疆工作,发生更大的兴趣"①。他在日常教学中提倡专深与广博相结合,并且有意增加了很多与实际生活密切相关的内容;开设"造酒原理""牙膏与牙粉""化学与近代人的生活"等课程,有力推动了战时化学教育方法的革新,深受学生欢迎。

曾昭抡像

(图片来源:北京大学档案馆、校史馆)

国家危亡之际,西南联大的大师们以报国雪耻、争当人杰的精神教书育人,用知识找寻中华民族未来的出路。他们的言传身教,几经春风化雨,最终开花结果,成就了一个精英荟萃、人才辈出的传奇时代。

(三)民主的堡垒

读书不忘救国,在中共各级组织的坚强领导下,西南联大师生们积极投身于反对独裁、反对投降、争取民主和团结的进步活动之中,成为抗战时期大后方民主运动的中心。

1938年10月,被党组织派到国统区开展工作的原北平崇德中学地下党支部书记力易周在考入西南联大后,与其他3位党员共同成立西南联大临时党支部,并担任支部书记。此后,西南联大党组织逐渐发展壮大。1941年,西南联大党总支有83名党员,占当时云南全省党员人数的三分之一。按照中共中央南方局"勤学、勤业、勤交友"的"三勤"方针,联大党员积极在广大师生中开展工作,抵制国民党反共和破坏团结抗战的各种阴谋活动。在中共地下党组织的领导下,联大数千名师生以强烈的

---

① 曾昭抡.滇康道上:滇康旅行记[M].沈阳:辽宁教育出版社,2018:2.

政治责任感和敏锐的政治眼光,始终走在时代前列,从1942年年初发动"倒孔"(反对孔祥熙)运动开始,联大一次又一次掀起爱国民主运动的浪潮,先后举行了五四运动纪念周、抗战七周年纪念、"双十节"纪念、云南护国起义纪念等活动,直至抗战胜利后不久,爆发了规模宏大、影响深远的"一二·一"爱国学生运动,把云南大中学生的爱国热情一步步推向高潮。

西南联大"高声唱"歌咏队接受昆明学生联合会赠送的"民主堡垒"锦旗

(图片来源:北京大学档案馆、校史馆)

八年间,在西南联大学习过的地下党员共有206人,他们在血与火的考验中继承了北大、清华、南开三校的光荣传统,发扬着五四时期的民主科学精神,在西南大后方铸就了坚强的"民主堡垒"。

九、砥砺出新:艰难环境中的复员之路

抗战胜利后,组成西南联合大学的三校分别复员,北大迁回原北平校址。1946年7、8月,北大奉教育部令先后接收了北平临时大学补习班一

至四分班及第六分班。① 经过紧张筹备,北京大学于1946年10月10日在四院大礼堂隆重举行复员北平开学典礼。② 1947年8月,北洋大学北平部并入北京大学。

复员后,北京大学以"研究高深学术,养成专门人才,陶融健全品格"为职志,延聘了王竹泉、钱思亮、杨钟健、袁翰青、季羡林、马坚、庄圻泰等知名教授;在原有文、理、法三个学院的基础上,增设医、农、工三个学院,计有6个学院,33个系,2个专修科;又相继设立了文科、理科、法科、医学研究所并招收研究生;设教务处、秘书处、训导处等行政机构,另有行政会议、校务会议、教务会议及教授会,分别行使各自职能。③ 至1946年12月中旬,注册学生为3420人,其中西南联大分发学生564人,临大补习班学生1562人,新生445人,先修班学生433人,另有复学等方式入学学生416人。④ 1947学年度第一学期有研究生58人,第二学期61人⑤。在学制方面,多数系别的本科为4年,工科、农科及药学系为5年,牙医学系6年,医学系7年;研究生学制通常为2年。

师生们对复校满怀希望。文学院明确提出"复校计划即复兴计划"。校方也曾极富前瞻性地考虑广罗研究原子能的一流学者,把北大物理系建成原子物理的研究中心,以追赶世界先进水平。种种良好设想,却因国民党政府坚持独裁和内战、社会动荡、办学经费匮乏等原因而无法实施。据校史记载,20世纪40年代末,北大校舍分散在北平四十多处,且多数古老破旧,办学力量难以集中。在艰难环境下,广大教职员工仍坚守岗位,在教学上新开设了一些前沿性或基础性的课程,如地质学系增开X光结晶学、古植物学、人类古生物学和中国地质问题讨论等课程,化学系增开微量化学等课程,中文系增开现代文学史等课程,其中部分新课在全

---

① 王学珍,王效挺,黄文一,等.北京大学纪事:1898—1997[M].北京:北京大学出版社,2008:383.
② 同上书:394.
③ 同上书:416.
④ 同上书:400-401.
⑤ 同上书:442.

国是首创。医学院的附属医院达到相当规模;农学院的附属农场有几百顷土地,成为师生进行教学、实习、试验的重要基地;1952年院系调整前,工学院已经成为北大人数最多的学院,培养了近5000名学生,后来有23人成为"两院"院士。

各院所还尽力开展科学研究工作,取得了一定成果。1946年,医学院钟惠澜教授和翁心植住院总医师发现了中国第一例亚热带家族性Gaucher病,开辟了中国热带病研究的先河。[①] 1947年,在中国数学会平津分会成立大会上,北大教师提交的论文成果占大会论文总数的60%;在中国物理学会北平分会成立大会上,北大教师提交的论文成果占大会所收论文总数的五分之一。在学界享有盛誉的北大地质研究所还对云南地层古生物材料、华北大型构造、华南更新世洞穴沉积中之动物群等进行系统研究,在1948年伦敦召开的第18次国际地质学会上,北大教授的学术论文《太平洋——早期古生物演化的主要中心》得到与会者的一致肯定。这一时期各院所教员撰写的学术论文比较集中地汇集在《国立北京大学五十周年纪念论文集》中。[②]

这一时期,北大师生在中国共产党的领导下,继承和发扬五四精神,积极参加抗暴运动和反饥饿、反内战、反迫害等斗争,英勇护校,迎接解放。

---

① 罗卓夫.北京医科大学的八十年[M].北京:北京医科大学出版社,1992:53.
② 曲铁华,李娟.中国近代科学教育史[M].北京:人民教育出版社,2010:183.

第三章

投身社会主义建设的奋斗之路
（1949—1978）

第三章　投身社会主义建设的奋斗之路（1949—1978）

一、迎接新中国的诞生：中华人民共和国成立初期的北大改革

1949年1月31日北平和平解放，10月1日中华人民共和国成立，北京大学开始了新的纪元。北大师生以饱满的热情迎接新中国的到来，在人才培养、管理体制和教学研究等方面除旧布新，开始整顿、改革和建设，积极学习、研究和宣传马克思主义，热心参与国家建设，在探索中前进。

欢庆解放。 1948年11月，人民解放军包围了北平城。国民党企图将北大南迁，中共地下党组织发动了护校运动。11月24日，教授会通过了北京大学绝不迁校的决议，全体师生团结一心，守护校园，共度时艰。时任校长胡适离平南去后，学校行政会议讨论决定，校务由郑天挺、汤用彤、周炳琳三人主持。1949年1月28日，"北大学生迎接解放服务人民委员会"成立，积极宣传人民革命的伟大胜利，展开迎接解放的工作。

1949年1月31日，人民解放军浩浩荡荡开进北平城，北平宣告和平解放。北大师生集体赴西直门欢迎入城的解放军部队，大家载歌载舞、群情激昂，振臂高呼欢迎口号。北大学生、后来成为北大教授的乐黛云当时也在现场，她挤到了欢迎人群的最前列，给探出车窗、向欢迎群众招手的战士递上一杯早已准备好的热水。2月1日下午，北大学生举行了一个

盛大的讨论会,讨论中共中央的八项和平条件。北平和平解放使这座历史文化名城免遭战火荼毒,加速了全国解放的进程,北大师生拥护八项和平条件,面对胜利的曙光,都欢欣鼓舞,对未来充满希望。2月3日,解放军举行了盛大的入城仪式,入城部队从永定门进入,沿着永定门大街、前门大街威武庄严地进入市区。北大师生和市民一起,手执旗帜、高呼口号,热烈欢迎人民解放军入城。北大师生代表作为北平大中学校代表向人民解放军献旗。在庆祝北平解放的群众大会上,北京大学党组织和北平市学庆联负责人萧松代表北平市大中学生讲了话。① 北大师生还积极参加了社会各界举行的庆祝解放联欢会,分享胜利的喜悦。

1949年2月3日解放军举行入城仪式,北大师生员工在东交民巷列队欢迎

(图片来源:北京大学档案馆、校史馆)

北平和平解放后,北大师生积极投身到解放全国的进程中,截至1949年2月23日,北大有52名学生参加中国人民解放军第四野战军。2月24日,文法学院学生踊跃报名投考中国人民解放军南下工作团,全

---

① 北京高等教育史研究课题组.中国共产党北京高校历史纪事:1949—1965[M].北京:中国广播电视出版社,2014:6.

校被批准参加南下工作团的学生约有500人,占学生总数的四分之一。

1949年10月1日,中华人民共和国中央人民政府成立,首都30万军民汇聚天安门广场参加开国大典。北大师生参加了群众游行,走过天安门城楼时,高呼"中华人民共和国万岁!"等口号,毛泽东主席在城楼上挥帽回呼:"北大同志们万岁!"北大校园内也张灯结彩,举行了各种形式的庆祝活动,欢庆中华人民共和国成立。

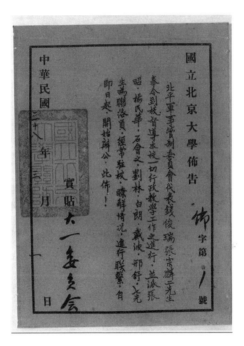

1949年3月1日军管会正式办公的布告

(图片来源:北京大学档案馆、校史馆)

从军管到校务委员会。1949年2月28日,北平军事管制委员会文化接管委员会接管北京大学。两千余名师生员工参加了在民主广场举行的欢迎接管大会。汤用彤教授致词,表示欢迎接管。军管会文管会主任钱俊瑞宣布正式接管北大,并讲述了新民主主义文化教育方针,同时宣布:国民党、三青团之类反动组织立即解散,活动立即停止;训导制取消,党义之类反动课程取消;学校行政事宜暂由汤用彤教授负责。① 欢迎接管大会在"庆祝北大新生""北大新生万岁"的口号声中结束。

军管会接管后,学校的管理与改革有条不紊地向前推进,校园秩序井然。经过一段时间的筹备,5月4日,北京大学校务委员会成立,军管会撤出北大,交由新成立的北京大学校务委员会主持学校校务。北京大学校务委员会共23人,有汤用彤(常委兼主席)、许德珩(常委)、钱端升(常委)、曾昭抡(常委)、袁翰青(常委)、向达(常委)、闻家驷(常委)、费青、樊弘、饶毓泰、马大猷、俞大绂、胡传揆、严镜清、金涛、杨振声、郑天挺、俞平伯、郑昕,讲助教代表二人,学生代表二人。教务长曾昭抡,秘书长郑天挺,文学院院长汤用彤,理学院院长饶毓泰,法学院院长钱端升,工学院院长马大猷,农学院院长俞大绂,医学院院长胡传揆,图书馆馆长向达。5月9日,派驻北大的军管代表及联络员撤离北大。

北京大学布告第 12 号

(图片来源:北京大学档案馆、校史馆)

---

① 王学珍,王效挺,黄文一,等.北京大学纪事:1898—1997[M].北京:北京大学出版社,2008:483.

党工团组织发展壮大。北平解放后,北京大学党工团组织得到迅速发展,党组织由秘密转为公开,积极团结全校师生,大力发展群团组织,提升群团组织的凝聚力、战斗力、影响力,促进了北大的调整、改革和发展。

1949年2月,中共北平地下党员在北京大学四院礼堂举行会师大会,会后北平市委组织部部长刘仁宣布萧松为中共北京大学总支部书记,林乃燊、叶向忠为总支部干事,北大全体共产党员参加了大会。6月27日,中共北大总支部公开,并公布全校241人的党员名单。从此,党组织和党员结束了秘密活动时期,开始公开活动。1951年2月,北大建立党委会。

由中共地下党组织在北大发展建立的民主青年同盟等6个革命青年组织,在1949年3月开始新民主主义青年团的筹建工作。4月6日,新民主主义青年团北京大学总支部成立,此时团员共317人。5月15日,北京大学等75所大中学校联合在北京大学四院礼堂举行隆重的入团仪式。9月26日,新民主主义青年团北大总支部在中法大学礼堂举行全体团员大会,成立团委会,书记汪家镠。

北大党组织团结全校教职员工,积极推进北大工会的成立。中华人民共和国成立前,北大的评议会是由校长、各科学长以及教授互选产生的代表组成的,学校各行政部门的负责人也基本由教授兼任。青年讲师、助教和职员等分别成立了讲助会、职员会,1949年10月和教授会合并而成"北京大学教职员联合会"。12月24日至12月31日,北京大学工会第一届代表大会在北楼礼堂举行。教职联会员和工警工会会员均为北大工会当然会员。全校共有会员1515人,选出代表305人参加大会。大会讨论通过了《北京大学工会章程》,通过了提案审查委员会根据229件提案提出的7项决议案,选出了执行委员45人、候补执行委员10人。北大工会的成立是北大空前大团结的表现。工会的中心任务是发扬北大光荣传统,弃旧扬新,把北京大学建设得更好。

1949年3月6日,中华学生全国联合会正式成立,北大学生谢邦定当选为主席。1949年4月24日,北平解放后北大第一届学生会正式成立,选出执行委员许世华、王学珍等17人。学生会充分发挥了学生与学校、党团组织的桥梁纽带作用。

革故鼎新。中华人民共和国成立初期,我国百废待兴、文化教育落后,党和政府把改造旧有教育、建设新教育作为教育工作的首要任务,要尽快完成从旧教育向新民主主义和社会主义教育的根本转变。北大本着"坚决改造,逐步实施"的原则,全面调整了学校的管理体制、人才培养目标和教学工作,逐步走上规范办学的轨道。

1949年5月9日,北大教授联谊会请到周恩来副主席到会主谈。周恩来发表了"关于新民主主义教育"的讲话。他强调,"新民主主义的教育就包括了两个方面:一方面是反对旧的,另一方面是发展新的。这就是要反对帝国主义、封建主义和官僚资本主义的文化,发展民族的、科学的、人民大众的文化"。① 他阐明我们对欧美文化的态度是"否定其反动的东西,吸收其好的东西,为我们所用……我们应该从世界各国吸取一切好的东西,但必须让这些东西像种子一样在中国土壤上扎下根,生长壮大,变为中国化的东西,才能有力量"。他强调,"我们教育的发展要稳步前进","各项工作都要请大家来研究,大家的事要大家一起来做"。②

思想是行动的指南,学校改革需要人的思想意识除旧布新。当时北大一些受旧式教育的知识分子为适应形势的巨大变化,希望深入了解革命、了解共产党、了解新社会,一些进步师生更是有了解党的奋斗历程、学习马克思主义的迫切需求。为此,学校制订了系统的讲演计划,主讲者和讲题分别是:周扬"论知识分子";赵毅敏"中国共产党与中国革命";艾思奇"辩证唯物主义问题";范文澜"历史的主人";沙可夫"学习问题";何思敬"无产阶级辩证的性格";胡绳"帝国主义与中国革命";谢觉哉"介绍老解放区情况";谢滔"中苏关系与东北问题"等。③ 1949年4月23日举行第一讲,之后面向全校每周讲一次,会后在孑民纪念堂座谈。1950年年

---

① 董纯才.认真学习周恩来同志的教育思想[N].光明日报,1985-01-08(2).
② 王学珍,王效挺,黄文一,等.北京大学纪事:1898—1997[M].北京:北京大学出版社,2008:486.
③ 同上书:485.

初，北大还举办了以"中国革命史""革命人生观""青年问题"等为主要内容的专题讲座，受到广大师生的热烈欢迎。讲座使全校师生深入了解了中国革命的历程以及世界形势，进一步了解了马列主义思想的立场、观点。

北大对教学课程进行了调整。1949年5月6日校务委员会第一次会议上，根据"有步骤地谨慎地进行旧有学校教育事业和旧有文化事业的改革工作，争取一切爱国的知识分子为人民服务"的方针和文管会"在安定中求进步"的指示，决定调整课程。[①] 北大废除了国民党统治时期以《六法全书》为主的13门旧课程，新开"辩证唯物论与历史唯物论""新民主主义论""政治经济学"等全校性公共必修课。校务委员会决定成立"政治课程计划委员会"，聘请许德珩等34位教师任政治课教师，组成政治课教学委员会。同时，对其他课程进行了合理增减，以提高教学质量。1949年12月9日的《人民日报》对北大师生互助、以马列主义观点进行教学作了报道，报道中说北大初步执行了新民主主义教育方针，"辩证唯物论与历史唯物论"等政治课程普遍展开，许多教授也参加了学习，并加紧学习马列主义理论来改革所教的课程，尝试以马列主义的观点进行讲解。师生教学相长，课程内容随教学进展而愈见丰富。特别是教学与讨论相结合的方式，结合学生思想实际来解决学生提出的问题，教员和学生都受到了深刻的教育。开设理论课程、举行系列讲座、学习时事政策文件等，进一步宣传了马克思主义，使师生的人生观、价值观有了新的认识，提升了服务人民、服务国家的意识，为学校的进一步改革发展奠定了思想基础。

1950年2月，在听取了许德珩、费青在教育部参加"新民主主义论"课程座谈会情况的报告后，校务委员会决定成立北大"新民主主义论"教学委员会。从1950年3月14日起，《北大周刊》每期开始刊载由"新民主主义"教学委员会主编的《北大学习》专版，这一专版一直持续到6月20日，共出版了13期。到1950年3月，全校共计停开课程77门，新开课程

[①] 王学珍,王效挺,黄文一,等.北京大学纪事:1898—1997[M].北京:北京大学出版社,2008:486.

100门,新的课程体系基本构建。① 这时的教学重视理论学习和国家建设相结合,并加强课堂讨论和实习等环节。学校提倡学习计划化、生活规律化,关心学生健康,为照顾经济困难的学生,实行了人民助学金制度,让学生在北大读书期间身心得以全面健康发展。

北大学生的招录、培养和分配也逐步纳入国家计划。新民主主义革命时期的教育方针强调教育要为广大劳苦大众服务,满足劳苦大众基本的受教育需求。为有计划地培养工农出身的知识分子,北大扩大了招生范围,开始招收工农出身的学生。北大还附设工农速成中学,1951年3月6日举行了开学典礼,教育部部长马叙伦参加典礼,在讲话中强调了培养工农知识分子的重要意义。北大师生积极参加土地改革、抗美援朝、思想改造等运动,在社会实践中发展提高。

北大的内部整合到1949年年底基本完成,精简了机构,分清了职责,提倡政治业务并重、理论实践统一,结合国家建设需要培养人才。在学校组织形式及领导关系上,校务委员会为全校最高权力机关,集体领导全校校务,每月开会一次,闭会期间以常务委员会为最高领导机构,常务委员会对校委会负责,每周开会一次。汤用彤为常委会委员兼校务委员会主席。校务委员会下设图书馆、博物馆、研究部、周刊编辑、体育、财务、生活福利、校产分配、节约救灾、助学金评议、出版等11个专业委员会,负责相关事务的议决,并设总办事处、教务处、秘书处,在教务长、秘书长领导下具体负责学校教学、行政事务的办理。1950年至1951年间,根据国家《高等学校暂行规程》的规定,北京大学逐渐确立校长负责制,教育部陆续任命马寅初、汤用彤为北京大学校长、副校长,北大也完善了校务委员会的组成。1951年召开的新一届校务委员会会议通过了《关于建立学校制度的决定》,明确北大实行校长负责制,校务委员会是在校长领导下的咨询机构。②

---

① 王学珍,王效挺,黄文一,等.北京大学纪事:1898—1997[M].北京:北京大学出版社,2008:501.

② 同上书:524.

二、确立党对学校的领导：北大完善党组织建设

中华人民共和国成立前后，党的组织体系不断发展完善，党的组织建设有了新的要求，使命更高、任务更艰巨。为迎接北平解放，1948年11月，北京大学南系北系党组织合并，成立统一的党总支。1949年2月至1951年2月，北大党组织建制为中共北京大学总支部委员会。1951年2月成立中共北京大学委员会，1954年5月召开了第一次党代会。随着中华人民共和国成立初期党的组织制度发展巩固，确立了党对学校的领导，为北大的发展建设提供了坚实的组织基础，党的凝聚力不断增强。

北京大学为中国共产党的创建做出了重要而独特的贡献。中华人民共和国成立前，北大的共产党人一直在为民族独立和人民解放事业努力奋斗，在秘密活动状态下领导学生运动，并利用各种途径宣传中国共产党的主张和路线方针政策，争取到一大批同情和支持中国共产党的进步人士，为迎接解放做了大量准备工作。1948年11月，北京大学南北系党组织合并成立统一的党总支，支部也做了相应调整。人民解放军包围北平城前后，国民党企图将北大南迁，中共地下党组织发动了护校运动，印刷、发放宣传单，反对南迁，向师生大力宣传革命形势和共产党城市政策、文教政策等。为了留下尽可能多的知识分子、技术人员，地下党做了大量细致的思想工作，并与全体师生共度时艰，积极保护校产，将贵重仪器设备和重要图书资料登记入册、分工监护，在红楼前打水井，做了应急准备和物资储备，紧锣密鼓地筹备迎接解放的各项工作。

1949年1月31日北平和平解放后，北京大学的党组织建设掀开了新的篇章。北大党组织负责人萧松同志在庆祝北平解放的群众大会上代表北平大中学生讲话，表达了发扬五四精神、永远跟着共产党走的心愿。北大还有一大批党员、进步师生由党组织统筹安排，调往北平或其他解放区参加接管工作。1949年2月4—5日，中共北平市委在北大四院礼堂

召开全市地下党员会师大会,北大全体地下党员参加了大会,会后宣布成立中共北京大学总支部委员会,萧松为中共北京大学总支部书记,林乃燊、叶向忠为总支部干事。至1951年2月北大成立党委会,中共北京大学总支部委员会前后共6届。1949年3月5日,中共北京大学总支部召开干部会宣布总支负责人:书记林乃燊,副书记兼组织部长殷汝棠,副书记叶向忠,宣传部长黄仕琦,校政党组书记谭元堃,团党组书记汪家镠。① 1949年3月16日举行了中华人民共和国成立后北大第一次集体入党宣誓仪式,参加宣誓的新党员有19人。②

为了密切党群关系,让更多的人了解中国共产党,党中央决定公开党的基层组织。在公开前北大党总支多次讨论并统一了认识:今后学校党组织的任务已不再是领导群众进行学生运动、反抗反动政权压迫,而是要团结广大群众把教学与学习搞好。一切工作都要围绕搞好学习这一中心任务;明确规定学习时间与课外活动时间,课外活动不能妨碍正常的业务学习;有步骤地改革学制,增加政治课;确定政治学习与业务学习的比重。这一决议充分体现了党组织在办学治校中的重要作用,是将党的思想政治工作融入教育教学的积极探索。

1949年6月27日,中共北大总支部公布全体党员、党总支委员、各党分支委员名单。总支书记叶向忠,总支副书记林乃燊,全校党员共241人。从此,党组织和党员开始公开活动,党内教育活动多以支部党员大会、支部委员会、党小组会议及党课的形式开展。中共党组织的公开引起校内教职员和学生的热烈讨论,他们纷纷向党员提出了各种问题,如"候补党员""支部任务""入党条件""怎样入党"等,师生对中共地下党员献身革命的精神都表示钦佩。党支部也决定今后邀请师生代表出席支部大会,以便听取大家意见,更好地改进工作。党组织的公开促进了广大师生对党的了解,使他们看到了党的先进性所在,肯定了党的领导,更加自觉

---

① 王学珍,王效挺,黄文一,等.北京大学纪事:1898—1997[M].北京:北京大学出版社,2008:483.

② 同上书:484.

地团结在党周围,协助党开展各项工作。

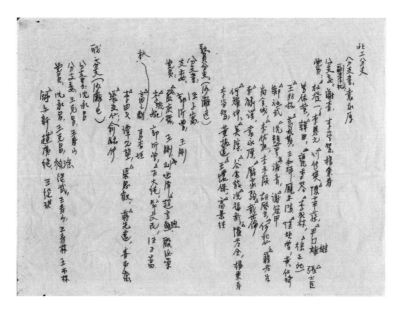

1946年6月27日公布的中共北大党总支党员名单

(图片来源:北京大学档案馆、校史馆)

公开后,党组织充分发挥了政治优势和组织优势,威信日益提高,指导和配合学校行政贯彻新民主主义教育方针及开展新民主主义学习,在学校的改革发展中发挥了越来越大的作用。支部和全体校务委员会委员座谈,讨论如何在北大贯彻新民主主义教育方针及开展新民主主义学习等问题,使党的理论方针政策顺利贯彻落实。当时高校师生的思想意识较为复杂,学校党组织积极向师生宣传党的主张,帮助他们科学认识中国社会发展史,增强对中国共产党的信心和建设新中国的决心,主动投身于新中国的建设。党组织适时采取了一系列加强思想政治教育的措施,如增设思想政治理论课程、推出演讲计划等,向师生系统传授马克思主义理论,肃清旧思想的影响,为师生的思想进步和学校的改革打下基础;同时以多种方式增强基层党员干部的马克思主义理论水平,采用培训、在职自修、讨论等方式,不断加强理论学习,加强马克思主义人生观、党的组织原则和政策教育,以提高政治觉悟,坚持党性原则,改进支部工作。

党组织开展了多项主题明确、形式多样、效果良好的思想教育活动,在重要的时间节点强化师生对建设新中国的信心。在庆祝中国共产党成立28周年之际,北大党员带领青年团员及师生代表参加庆祝大会,大家步行至先农坛,虽然下着大雨,但大家精神饱满,情绪高昂,大会的隆重气氛激起了大家的干劲儿。开国大典前,党总支召集联席会,商讨筹备庆祝中国人民政治协商会议开幕及中华人民共和国的诞生,决定成立"北京大学庆祝中华人民共和国诞生委员会"(简称"庆委会")。庆委会向全体师生员工发出号召:"在文化建设的过程中,我们北大应当发挥我们可能发挥的最大作用,我们师生员工应当紧密团结起来,努力开展新民主主义学习。"①

党组织还以青年团、学生会、工会等群团组织为依托,将马克思主义的指导方针贯彻到各组织的工作活动中,并在其中发现和选拔出可靠的优秀积极分子,吸收进步师生入党,不断扩大党的基层组织。1950年1月底,北大人员统计数字显示,当时教职员工共1400人,学生2367人,2月底召开的党员大会显示当时学校共有党团员1255人,大约占到全校师生员工总数的三分之一。②

随着党的领导作用进一步加强,北大党员人数逐步增加,1951年2月24日市委指示,北大的组织建制由党总支改为党委会。24日,北大党员大会在华北大学工学院(原中法大学)礼堂举行。大会选出第一届党委委员叶向忠等12人。北大党员共400名,其中正式党员302名。26日举行了第一次党委会议,决定党委委员分工如下:书记叶向忠,副书记兼组织部部长王学珍,组织部第一副部长谢青、第二副部长解才民,宣传部部长王孝庭、副部长程贤策,统战委员兼工会党组书记汪子嵩,保卫委员

---

① 王学珍,王效挺,黄文一,等.北京大学纪事:1898—1997[M].北京:北京大学出版社,2008:491.
② 同上书:499-500.

1949年4月6日,法学院院长钱端升在新民主主义青年团
北京大学总支部成立大会上讲话

(图片来源:北京大学档案馆、校史馆)

余叔通,青年委员张群玉;张恩树委员负责银行专修科党的工作,文重委员负责沙滩区教员支部工作,李恩元委员负责工学院党的工作。会议选举叶向忠、王学珍、谢青、王孝庭、张群玉、解才民6人组成党委常委会。① 校党委还制定了组织系统表,党委下设两个总支、八个分支、十二个支部。

党委会成立伊始,就配合党中央关于全国范围内继续进行抗美援朝宣传教育运动的决定,召开全校党员大会及宣传员大会,建立北大宣传网,宣传国际形势、党和政府的政策法令,交流工作经验,解答群众提出的问题。在庆祝中国共产党成立30周年之际,校党委代表400余名党员和1000多名团员给毛主席写信致敬,祝贺党的生日。② 在北大庆祝中国共产党成立30周年大会上,校党委书记张群玉简述了中国共产党的历史、北大在解放前的地下斗争情况、目前北大党内状况及今后努力的方向;解放战争时期北大地下党负责人之一项子明结合各时期斗争实际,介绍了党纲、党章和

---

① 王学珍,王效挺,黄文一,等.北京大学纪事:1898—1997[M].北京:北京大学出版社,2008:517.
② 同上书:523.

党对党员的要求。党组织还积极组织师生参加土地改革、抗美援朝、"三反"等社会变革实践，使师生对中国社会现实情况以及改革趋势有了更全面深刻的了解和认识，对马克思主义的基本理论和价值观念有了进一步的认同。

北大党委充分发挥了党组织的战斗堡垒作用，通过一系列扎实的工作凝聚了人心，马克思主义话语权进一步确立，学校除旧布新的改革有组织、有计划地开展。1952年10月，党中央派马克思主义教育家江隆基出任北京大学副校长，进一步加强党对北大的领导。1954年5月，中共北京大学第一次代表大会开幕，大会肯定了过去一段时间党的工作成绩，明确了学校党组织的任务和位置，在上级党组织的领导下初步贯彻了党的文教政策，并开始加强党的建设工作。1962年2月，北京大学的领导体制明确为党委领导下以校长为首的校务委员会负责制。

三、赓续五四传统：北大校庆日改在5月4日

北京大学的前身京师大学堂创建于1898年，是中国近代第一所国立大学。1951年以前，北大以12月17日为校庆日，这是1902年京师大学堂复校的日子。1951年12月，北大决定将校庆日由12月17日改在5月4日。此后七十多年来，北大都是以5月4日为校庆纪念日。

校庆是师生校友的共同节日，可以视为大学文化记忆的重要形式。5月4日对北大来说是一个具有特殊意义的日子，因为北大是五四运动策源地，以5月4日作为校庆纪念日，体现了北大与五四运动的深厚渊源。5月4日校庆，不仅是纪念北大建校，也是纪念五四运动。

1919年5月4日爆发的五四运动是一个具有划时代意义的事件，标志着中国新民主主义革命的开端，是中华民族走向伟大复兴的历史起点。北大与五四运动密不可分，正是北大校长蔡元培"循思想自由原则，取兼容并包主义"的办学方针，促进了新思潮的传播和学术的繁荣，为新文化

运动的发生提供了肥沃的土壤,这种氛围也赋予北大人追求真理、追求进步的精神,为五四运动的发生提供了思想的准备和人才的储备。在民族危难之际,以北大师生为代表的中国先进知识分子起到了先锋作用,带动广大民众掀起了一场彻底反帝反封建的伟大爱国运动,在近代以来中华民族追求民族独立和发展进步的历史进程中具有里程碑意义。五四运动的发起人、宣言的起草人、游行队伍的总指挥、走在队伍最前列的都是北大师生,北大是这场运动重要的历史见证者和精神传承者。五四运动奠定了北大的精神底蕴,爱国、进步、民主、科学的五四精神成为北大精神的核心内容。

五四运动的影响彪炳史册,5月4日也成为北京大学的重大节日。每逢5月4日前后,北大师生都举行多种形式的纪念活动,发表文章或讲演,每次的纪念都推动着五四精神日益融进北大师生的灵魂与血脉。1920年4月21日,陈独秀以"五四运动的精神是什么"为题,在演讲会上发表演讲,提出"直接行动"和"牺牲的精神"是五四运动所特有的精神。1920年5月4日,在北大三院举行了纪念五四运动一周年群众大会。蔡元培在《晨报》发表文章《去年五四以来的回顾与今后的希望》,纪念五四运动一周年,这是蔡元培第一次比较系统地评述五四运动,肯定了学生在五四运动中发挥的先锋作用。1921年5月4日,李大钊发表《中国学生界的"May Day"》文章,提出要把"五四"当做一个纪念日,"盼望中国学生界把这种精神光大起来,每年在这一天举行纪念的时候,都加上些新意义"。[①] 1922年5月4日,《晨报》发表了蔡元培、谭熙鸿、周长宪、黄日葵纪念五四运动的文章。李大钊在1922年和1923年五四纪念会上都发表了演说。1939年五四运动二十周年大庆时,陕甘宁边区的西北青年救国联合会把5月4日定为"中国青年节",毛主席在纪念大会上发表了演讲。中华人民共和国成立后,中央人民政府正式确定5月4日为中国青年节,这一天也成为全国青年的节日。

---

① 李大钊.中国学生界的"May Day"[N].晨报,1921-05-04.

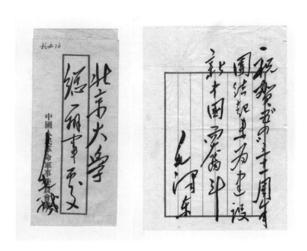

1950年毛泽东主席为祝贺五四运动三十一周年给北京大学的题词

(图片来源:北京大学档案馆、校史馆)

毛泽东曾两次在五四运动纪念日之际给北大回信。1949年4月28日,"北京大学纪念'五四'筹备委员会"致信毛泽东同志,邀请他回校参加五四运动三十周年的纪念活动。4月30日,毛泽东复信筹备委员会,表示感谢邀请,但因工作的原因不能到会,并"庆祝北大的进步"。1950年毛泽东为祝贺五四运动三十一周年给北京大学回信:"祝贺'五四'三十一周年,团结起来为建设新中国而奋斗。"党和国家领导人江泽民、胡锦涛、习近平也都曾在五四之际考察北大,与北大师生座谈,鼓励北大师生继续发扬五四优良传统,为民族、为国家、为人民做出新的更大的贡献。

相比之下,1951年前,在12月17日举行的校庆活动显得比较简单。"正如有些老校友所说:解放前北大实际上是每年过两个校庆,一个是十分隆重的五四,一个是比较简单的十二月十七日。"[1]1947年,为隆重纪念复员后的第一个"五四",除校友聚会外,北大还召开了数千人的纪念大会和历时一周的多个专题纪念晚会,"五四"也被定为"北大校友返校节"。

---

[1] 王效挺,黄文一. 北大校庆定在五四是顺理成章的:兼与陈平原、钱耕森两先生商榷[J]. 北京大学学报(哲学社会科学版),1999,36(3):113.

校友返校作为校庆的一项主要活动被移到5月4日,加上原校庆日是隆冬时节,天气寒冷,又正值期末师生都很忙,1951年12月7日,汤用彤副校长提出把北大校庆日改在5月4日,与青年节和校友返校节同时举行。从此以后,5月4日成为北大的校庆日。

北大决定每年5月4日为校友返校节的报道

(图片来源:北京大学档案馆、校史馆)

北大与五四密不可分,校庆定在5月4日顺理成章,北大校庆,彰显的不仅是北大的优良传统,还肩负着弘扬五四精神的重任。爱国、进步、民主、科学的五四精神早已深深融入北大的历史血脉和文化基因,是北大最光荣的传统和最宝贵的财富。五四精神穿越历史时空,始终是激励北大师生不断开拓进取的强大动力。

四、湖光塔影新园区：北大迁入燕园校址

1952年全国高等学校进行了大规模的院系调整，燕京大学部分并入北京大学，燕京大学校名撤销，北京大学由城内沙滩红楼等处迁至原燕京大学校址（燕园）。燕园区域在明清两代是著名的皇家园林，建筑群采用了中国古典宫殿的式样，湖光塔影，古木葱郁。北大迁来后保持了古典园林基础，适当改造，伴随学校的建设发展，校园规模不断扩增，燕园成为北大的主校区。

20世纪50年代的燕园西校门

（图片来源：北京大学档案馆、校史馆）

燕京大学建于1919年，由美国教会与晚清所创办的三所教会学校即北京汇文大学、华北协和女子大学及通州协和大学合并而成。燕京大学第一任校长是在中国出生的美国人司徒雷登，原校址设在北京城东南角盔甲厂一带，女校在灯市口佟府夹道。1921年燕京大学在北京西

郊购买了前清亲王赐园，聘请美国建筑设计师亨利·墨菲进行总体规划和建筑设计，开始建设新校园。1926年秋燕京大学迁入新址，校园统称为燕园。

从1921年开始，燕京大学以淑春园遗址为中心修建新校舍，此后燕京大学陆续购得勺园、蔚秀园、农园、鸣鹤园，购买了燕南园、燕东园地块用于建筑教工住宅，并租用了朗润园。北大迁到燕园后，购买了朗润园及承泽园、镜春园，其中建于明朝万历年间的勺园是燕园旧址上兴建最早的园林，燕园的历史与这些园林的兴衰息息相关，数百年来，虽沧海桑田已非原貌，但神韵依然。修建后的燕园东西轴线明确，建筑布局对称严谨，既有北方园林的气度，又有江南山水的秀丽，山环水抱，堤岛穿插，林木葱茏，风景宜人。"主轴线从西校门开始，一直向东穿过早期教学中心的广场和校园主楼（办公楼），然后越过一带丘陵，又掠过一片湖水，而且正好是经过湖中的小岛直达东岸。在这条主轴线上，中间的一带丘陵，划分了前方布局严整的教学区与后方环湖的风景区，它的作用十分重要。其次在湖心小岛和湖的东南岸边，又分别建起了岛亭和水塔，更突出了点景的作用。在这条东西主轴线之外，又设计了一条南北向的次轴线，并在这条轴线上，布置了男女学生宿舍。男生宿舍在北，女生宿舍在南，中间隔以

未名湖鸟瞰图

（图片来源：北京大学档案馆、校史馆）

丘陵和湖泊，布局和谐自然。整个燕园核心部分的总体规划大体如此。"① 燕园建筑代表着中国近代大学建筑艺术的最高成就，整体建筑风格与环境完美结合，旖旎的风光、秀美的景色使它闻名遐迩，让人流连忘返。

  西迁前的北京大学校舍分散在北京城的不同地方。老北京人常提到的"北大一院""北大二院""北大三院"等，其实都是老北大留下的痕迹。1898年京师大学堂创办，以和嘉公主府旧邸为临时校舍，校舍主体位于景山东街马神庙一带，这个校区也称"北大二院"，校舍既有王府式的院落，也有平房、洋楼，"亢慕义斋"便设在马神庙校区西斋的排房中。1916年，北京大学借款兴建校舍，红楼开工建设并于1918年8月落成，建筑主体用赭红色的砖砌成，青砖窗套，醒目别致，逐渐成为北京大学的核心校区，俗称"北大一院"。红楼后来成为中国现代史上的标记，被国务院定为全国文物保护单位。"北大三院"是指北河沿校区，原为1903年京师大学堂译学馆所在地。1913年译学馆停办后，北大法科迁入。1919年5月3日，五四运动的前夜，就是在北大三院法科大礼堂召开了决定第二天去天安门游行的重要会议。1949年10月1日，中华人民共和国成立时，北京大学的文、理、法、农、工、医六个学院的教学楼、宿舍、附属医院、药厂、农场等建筑，分布在北京12个城区的四十余处。农学院、工学院、医学院在京西的罗道庄及西城的恭王府、西什库等处。沙滩地区集中了文、理、法三院。

  因院系调整而得以西迁燕园，对北大来说是一件喜事。1951年年底，校党委会已经在酝酿讨论迁校问题。1952年8月3日，校党委召开支部委员以上干部会，由党委书记张群玉部署暑期工作，其中一项便是9月份搬家（从城内沙滩搬到城外原燕京大学校址）。9月16日迁校工作正式开始，北大的数、理、化、俄语、东语、西语6个系的图书仪器设备自城内迁至城外原燕京大学校址的工作陆续完成。

---

① 侯仁之.燕园史话[M].北京：北京大学出版社，1988：73.

原燕京大学的主要建筑集中在未名湖周围,建筑面积约8万平方米,校舍远远不够北京大学使用。为了办好北京大学,人民政府在百废待兴的情况下,在原燕大周边,拨款新建了教学楼、宿舍、食堂、托儿所等建筑,校区占地面积扩大了一倍多。随着学校不断发展,北大的师生逐年增多,校舍需求量越来越大,校园建设从未停止,到1959年年底,北京大学校园的建筑面积约30万平方米,是原燕大的近4倍。特别是改革开放以后,现代化的教学大楼纷纷拔地而起,学校在规划建设中注重将燕园特有的历史内涵、自然生态、建筑风格融入到现代空间中,使燕园深厚的文化底蕴绵延传承。2001年,"未名湖燕园建筑"被列入全国重点文物保护单位。

燕园是历经数百年的园林,与北大的文化传统文脉贯通、呼应契合。"燕园"逐渐成为北京大学的代名词,"一塔湖图"也成为北大新的象征。博雅塔位于未名湖东南小丘之上,是燕京大学为了解决生活用水挖掘的水井,外形仿照通州燃灯古塔,内有螺旋梯直达塔顶。塔共13级,塔身倒映在碧波之中,构成燕园著名景观"湖光塔影"。因为此塔是由当时燕京大学哲学系教授博晨光的叔父捐资兴建,所以命名"博雅塔";未名湖相传是燕京大学教授钱穆将其命名为"未名湖"而得名,是校园内最大的人工湖,在清朝属于淑春园的一部分。未名湖畔岗峦起伏、花木繁茂,周边散落着翻尾石鱼、乾隆诗碑、花神庙等文物;西校门庄严典雅,朱漆宫门建筑,大门上方悬挂着毛泽东主席题写的"北京大学"四字匾额,威风凛凛的石狮坐镇两侧,与匾额相映成辉;办公楼坐东朝西,灰顶红柱,斗拱彩画,古朴高雅……燕园具有保护价值的建筑近百座,有石碑、石雕及石构件等文物42件。燕园的山水建筑见证了历史,也守护了北大的文化传统。

五、奠定发展新格局:1952年院系调整

1952年,为适应国家工业化建设需要,全国高校进行了较大规模的

院系调整,这对中华人民共和国高等教育和北京大学的发展具有深远影响。经过院系调整,北京大学成为一所以文理基础教学和研究为主的综合性大学,为国家各项事业建设发展培养了大量人才。

(一)全国院系调整的背景

中华人民共和国成立初期,国民经济亟待恢复和发展,当时旧有的高等教育布局和人才培养机制难以满足国家建设需要,全国高校改革迫在眉睫。中华人民共和国第一个"五年计划"要求集中力量开展以苏联设计的 156 个建设项目为中心的、由限额以上的 694 个大中型建设项目组成的工业建设。国家对工业技术人才的需求空前急迫,急需高等教育在最短时间内培养出大量工业建设人才。然而,1949 年,全国在校大学生总数仅有 11 万,其中每年各工学院的毕业人数加起来还不足 1 万人。[1]

为支持国家计划经济建设,结合高等教育建设借助苏联教育经验的实际,高校院系调整的设想就此提出。在 1950 年 6 月召开的第一次全国高等教育会议上,时任教育部长马叙伦提出,"调整全国公私立高等学校和某些系科,以便更好地配合国家建设的需要","我们的高等教育,必须密切地配合国家经济、政治、文化、国防建设的需要,而首要为经济建设服务"。[2] 苏联专家阿尔辛节夫也在会议上专门介绍了苏联高等教育培养具体的专门人才的经验。面对这样规模庞大的工程,由于没有充分的经济基础和十足的把握,调整工作没有立即展开。

当时国家还面临着十分严峻的国际环境,1950 年 6 月,朝鲜战争爆发,美国对我国实行了全面封锁,遏制打压新中国,国家对工业化的需求更加迫切。与此同时,国民经济形势进一步好转,院系调整的物质基础不断巩固。1952 年,恢复国民经济任务提前完成,工农业总产值比 1949 年

---

[1] 姜澎,樊丽萍.中国大学:50 年代院系调整决定今日基本格局[EB/OL].(2012-12-27)[2023-02-02].http://edu.people.com.cn/n/2014/0416/c1053-24902645.html.
[2] 马叙伦.第一次全国高等教育会议开幕词[J].人民教育,1950,1(3):11-14.

前最高值的 1936 年增长 20%。① 这些外部因素加速了院系调整计划的实施。1952 年,全国范围内大规模的高校院系调整正式展开。

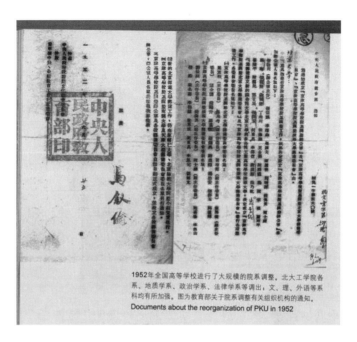

院系调整中教育部关于北大组织机构设置的通知

(图片来源:北京大学档案馆、校史馆)

(二)院系调整中的北京大学

中华人民共和国成立后,党和政府十分重视北京大学在院系调整中的改革和建设。毛泽东曾三次致信北大,鼓励师生团结起来为建设新中国而奋斗。周恩来先后六次到北大视察或作报告。1951 年 6 月,著名经济学家、教育家马寅初教授被任命为中华人民共和国成立后北京大学第一任校长。②

实际上,早在 1952 年全国范围内的院系调整工作开始前,北京大学

---

① 何沁.中华人民共和国史[M].北京:高等教育出版社,2009:47.
② 今日北大编写组.今日北大[M].北京:北京大学出版社,1988:10.

在党中央、国务院的领导下就开始了院系调整工作。1949年6月全国统一师范教育,华北高等教育委员会发布训令,取消北大教育系,教育系三年级学生提前毕业,二年级以下学生转其他系;9月,北大、清华、华北大学三所学校的农学院合并成立北京农业大学;12月,北京大学医学院独立成为北京医学院。

全国各工学院院系调整方案拉开了1952年全国院系大调整的大幕。1951年4月,在北京大学校务委员会常委会会议上,马大猷教授报告了教育部关于各工学院院系调整情况及本校工学院各系调整的初步意见。同年7月,马寅初校长主持召开北京大学新一届校务委员会会议,报告了北大院系调整初步计划,其中工学院将原来的5个系扩充为机械制造、动力机械、电力、电信、土木、水利、建筑、化工8个系。①

1951年11月,教育部召开全国工学院院长会议,会议强调"以培养工业建设人才和师资为重点,发展专门学院和专科学校,整顿和加强综合大学"。会上报告的院系调整方案主要为:"北京大学工学院、燕京大学工科方面各系并入清华大学,清华大学成为多科性的工业高等学校,校名不变。清华大学的文、理、法三学院及燕京大学的文、理、法方面各系并入北京大学,北京大学成为综合性大学。燕京大学校名撤销。"②

1952年5月,教育部进一步提出全国高校院系调整原则和计划,其方针是"以培养工业建设人才和师资为重点,发展专门学院,整顿和加强综合性大学",以工业学院特别是单科性专门学院为重中之重,以少办或不办多科性的工学院、多办专业性的工学院为原则;借鉴苏联大学模式,不再设立各大学的学院一级,将工、农、医、师范、政法、财经等科调整出来分别建立专门的学院,或合并到现有的学院中去。③ 同年6月,北大党政领导开会研究院系调整工作,绝大多数教师积极拥护院系调整,表示服从

---

① 王学珍,王效挺,黄文一,等.北京大学纪事:1898—1997[M].北京:北京大学出版社,2008:524.
② 史轩.新中国初期院系调整中的清华大学[EB/OL].(2010-09-28)[2023-02-02].https://news.sciencenet.cn/sbhtmlnews/2010/9/237147.html.
③ 陈磊.新中国成立初期高等教育模式形成研究[D].西安:陕西师范大学,2017.

国家分配。6月28日,学校通告:"为筹备建立新的综合性大学北京大学,决定成立'京津高等学校院系调整北京大学筹备委员会',进行筹备工作。"

院系调整核心组成员吴达元的工作证胸牌

(图片来源:北京大学档案馆、校史馆)

1952年7月,京津高等学校院系调整办公室向各校发出《对综合性大学设置专业及系科的初步意见》,广泛征求意见。据此,北京大学组织全校教师讨论了发下的初步意见,并制订出新北大的系科及专业设置初步方案。8月,经全校教师认真讨论研究,院系调整后新北京大学的系科设置大致确定。全校设12个系、7个专修科、2个医预科、2个华侨先修班、2个东欧留学生班、1个工农速成中学。9月,迁校工作正式开始,北大的数、理、化、俄语、东语、西语六个系的图书仪器设备自城内迁至西郊原燕京大学校址的工作陆续完成,各系教师也开始学习苏联关于设立教学研究组的文件资料,讨论制定本系教学大纲。

(三)北京大学院系调整情况

在中华人民共和国成立前,北京大学设置文、理、工、农、法、医总共六个学院(统计时间为1948年7月)。在中华人民共和国成立后至院系调整前,设置文学院、理学院、工学院、法学院、医学院五个学院(统计时间为

1951年8月）。1952年12月初，北京大学校长办公室制定了《北京大学几年来院系变更表》。①

北京大学几年来院系变更表(1948—1952)

年代		院	系
解放前	一九四八年七月	文学院	哲学系 史学系 中文系 东语系 西语系 教育系
		理学院	数学系 物理系 化学系 地质系 动物系 植物系
		法学院	法律系 政治系 经济系
		工学院	机械系 电机系 土木系 建筑系 化工系
		农学院	农艺系 园艺系 畜牧系 兽医系 森林系 昆虫系 植病系 农化系 土壤系 管理系
		医学院	医学系 药学系 牙学系
解放后	一九五一年八月	文学院	哲学系 史学系 中文系 东语系 西语系 俄语系 图学系
		理学院	数学系 物理系 化学系 地质系 动物系 植物系
		法学院	法律系 政治系 经济系 银专 贸专
		工学院	机械系 电机系 土木系 建筑系 化工系 卫工系
		医学院	医预系

经1952年全国大规模院系调整后的新北大，分为12个学系33个专业7个专修科，不分院。

系	专业
数学力学系	数学、力学
物理学系	物理、气象
化学系	有机化学、无机化学、分析化学、物理化学
生物学系	植物、动物、植物生理、人体及动物生理
地质地理系	自然地理

---

① 王学珍,王效挺,黄文一,等.北京大学纪事:1898—1997[M].北京:北京大学出版社,2008:559-560.

续表

系	专业
中国语言文学系	中国语文学、新闻与编辑
西方语言文学系	德国语文、法国语文、英国语文
东方语言学系	蒙古语、朝语、日语、越南语、暹罗语、印尼语、缅甸语、印度语、阿拉伯语
俄语文学系	俄语(原资料有误,应为俄罗斯语言文学)
哲学系	哲学、心理
历史学系	历史、考古
经济学系	政治经济学
专修科	数学专修科 气象专修科 矿物专修科(实际上未办) 油料专修科 语言专修科 东语贸易专修科 图书馆专修科
其他单位	研究生班 工农速成中学 两个医预科 一个少数民族先修班 一个回国华侨先修班 东欧留学生班

自1952年6月北大党政领导开会研究院系调整工作开始,仅仅几个月时间,北京大学就完成了脱胎换骨般的改革。北京大学自此成为一所以文理基础科学的教学和科学研究为主的综合性大学,能够更有针对性和计划性地培养专业人才。学校规模也不断扩大。到1957年,全校已有14个系共43个专业。在校本科生7143人,比1949年多4816人;在校研究生199人,比1949年多124人。到1962年,北京大学在校本科生已达到10671人,研究生280人;到1965年发展到18个系、53个专业。

六、为新中国育才:北大探索社会主义高等人才培养模式

为了贯彻社会主义的教育方针并适应国家建设发展的要求,20世纪50年代,北京大学根据"学习苏联先进经验并与中国实际相结合"的原

则,在教学制度、教学内容等方面进行了一系列改革,包括设置专业、建立教学研究室、制订教学计划、编写教学大纲等。

当时教育的特点是注重学科基础和实践能力,希望学生毕业后能很快适应实际工作需要。1951年10月,《关于改革学制的决定》规定高等学校的学制多样化,大学的修业年限为三至五年。[①] 院系调整时,教学计划、教学大纲和教材都参照了苏联五年制做法,但结合我国高校实际被压缩为四年制。后来,本科学制基本调整为文科五年、理科六年。[②] 此时,北京大学成为一所主要从事自然科学、人文社会科学基础学科教学和研究的综合性大学。根据1953年全国综合大学会议,综合大学的任务主要是培养理论或基础科学(自然科学和社会科学)方面从事研究工作或教学工作的专门人才,是教学机构,同时也是研究机构。

生物学系张景钺教授(中)在指导研究生

(图片来源:北京大学档案馆、校史馆)

---

① 杜勤,睢行严.北京大学学制沿革:1949—1998[M].北京:北京大学教务处印,1998:5.
② 同上书:147.

这一时期中国高校以苏联"专才教育"为模板,北京大学在系科专业设置和教学计划等方面也学习苏联莫斯科大学,形成以专业为前提、以专业课程的设置为中心的课程体系。当时,北京大学最多建立了94个"专门化"。截至1956年,北京大学共设置14个系(下设37个专业)、1个专修班,建立教研室88个。同时,作为国家重要的综合性大学,北大的课程体系还特别注重基础必修课的设置。例如当时北大物理系五年制的教学计划规定,基础课"普通化学"和"高等数学"的学时安排占总学时的15.6%,和专门化相关课程的占比(15.8%)不相上下。[①]

截至1954年,经过两年的教学改革,北京大学除力学、哲学、心理、考古、语言学及东语系的9个专业外,其他专业的教学计划都已经过两次以上的修订。1954年秋季学期,全校开课370门,其中专门化课程38门,教材232种,其中苏联教本52种,自编教材177种,外校教材3种;政治理论学习方面,组织了马列主义理论和时事政策学习,开设了"新民主主义论""马列主义基础"等新课程,还建立了马列主义教研室,进一步扩大了社会主义思想阵地。

20世纪50年代中期起,我国转向以苏为鉴,强调将马克思列宁主义的普遍真理同中国具体实践相结合[②],从多方面进行自主探索,确立了"教育为无产阶级政治服务,教育与生产劳动相结合""培养有社会主义觉悟的有文化的劳动者"的全新教育方针。

为适应国家建设和发展的需要,学校建立了一些新的系科和专业。例如从1954学年起,北京大学恢复了法律学系,学制4年。法律学系以培养法院、检察机关、律师团体、公证所以及其他国家机关、企业部门的法律专门人才为目标,1954年度招生100人。这是1952年院系调整后,我国在综合性大学建立的第一个法律系,为培养政法人才做出了重要贡献。1956学年度,北京大学又恢复了图书馆学系,并增设了地质专业和基础

---

① 邹儒楠.通专之间:北京大学本科人才培养模式的变迁研究(1952—1998)[D].北京:北京大学,2020.
② 毛泽东.论十大关系[M]//毛泽东文集:第7卷.北京:人民出版社,1999:42.

1957年8月,全国第一届物理系半导体专门化班师生毕业合影

(图片来源:北京大学档案馆、校史馆)

生物学专业。1956年,在黄昆先生的建议下,北京大学明确了半导体的培养方向,与复旦大学、厦门大学、东北人民大学(吉林大学前身)、南京大学诸校合作,在北京大学建立了我国第一个半导体物理专门化培训班,为我国培养了许多半导体和集成电路的科研骨干,中国科学院院士王阳元就是半导体专业的第一批学生。1958年,北京大学将物理学系分为无线电电子学系、物理学系、地球物理学系三个系,并在物理研究室的基础上建立了我国第一个原子能系,1960年又改称技术物理系。该系被誉为"核科学家的摇篮",为我国核科学事业的发展做出了重大贡献。

20世纪60年代,北京大学认真贯彻"高校六十条",对教学、科研和管理工作进行整顿,使学校走上稳步、健康发展的轨道。截至1963年5月,全校共修订了48个专业的教学计划和计算技术、声学、古典文献、政治4个新办专业的试行教学计划,计划的特点是保证"教学为主",加强基础理论、基本知识、基本技能的教学和训练。

此次教学计划的修订,解决了许多重要问题,例如若干专业的培养目标问题,教学、生产劳动和科学研究的时间安排问题,政治理论课的比重和设置问题,加强基础理论、基本知识的教学和基本技能训练中的一些主要问题,专门组课和选修课的设置问题以及理科各专业的学制问题。对于理科学制,除地质地理系的六个专业改为五年制、数学专业和计算数学专业改为五年半制外,其他专业均维持六年制不变。执行这些计划后,北京大学的教学质量显著提高。北京大学始终重视教材建设,积极承担教材的编写任务。20世纪60年代初,北京大学有多种文、理科教材被教育部列为全国高校的通用教材,这些教材一直沿用了几十年。

从学生人数上看,1951学年度第二学期,各类学生的注册总数仅3117人,其中本科生有2642人。据1966年6月统计,全校理科、文科、语言科共18个系,52个专业,共有教职员工4872人,学生8523人,研究生166人,来自22个国家的留学生412人,学生总数是1951年的三倍。

从1949年到1965年,北京大学共培养了三万多名本科生和两千多名研究生,他们中的许多人在毕业后都成为各个行业的骨干力量,为建设祖国发光发热。这些毕业生中,涌现出了一百多名中国科学院院士和中国工程院院士。"两弹一星"功勋奖章获得者于敏、周光召,国防科技工作模范钱绍钧,受党中央表彰的知识分子优秀代表蒋筑英,诺贝尔生理学或医学奖获得者屠呦呦等,都是他们中的杰出代表。

1966年5月,中国进入十年动乱时期。高考中断,北京大学停止招生长达四年。1970年6月27日,中共中央批转《北京大学、清华大学关于招生(试点)的请示报告》,报告规定高等学校招生废除考试制度,实行"群众推荐、领导批准、学校复审"相结合的办法,主要从工人、农民、解放军中招收"工农兵学员"。

北大先后共招收7届工农兵学员,总数一万三千多人。工农兵学员是高等教育发展史上一个特殊的群体,为了让学生学到更多专业知识并适应大学的学习节奏,北大教师们在教学方式方法、教学内容方面都做出了许多新尝试。

1971年,由北京大学、中科院大气物理所和中央气象台合作在北京大学未名湖畔建立了我国第一个卫星云图接收站,并在北京大学举办了培训班,先后培训了116名中国最早的卫星云图接收与分析的技术骨干,为我国卫星气象事业的发展做出了重要贡献。

1973年8月,北京大学电子仪器厂与北京有线电厂和燃料部等单位联合,成功研制中国第一台百万次集成电路电子计算机(简称为"150机"),并很快投入使用。该机经过三年的设计、试制,经六个多月三千多小时运转,证明性能良好,适用于工业、农业、科学研究等部门各种大型数据计算和数据处理,标志着我国电子计算机技术又前进了一大步。

1974年4月,北京大学图书馆开工,1975年年初建成,5月1日正式开馆。该馆建筑面积24500平方米,不仅是北京大学图书馆历史上规模最大的馆舍,也是当时国内建筑面积最大、馆舍条件最好的大学图书馆。

1977年,"文化大革命"结束后恢复了高考,执行全国统一招生考试制度,这是中国教育史上的一件大事。为了尽快为国家培养出合格的人才,北京大学根据现实情况,克服种种障碍,恢复了部分专业,如期参加了全国统一招生,1977级共录取了1145名学生。从1978年起,学校进行全面调整,将新生春季入学改为秋季入学,学生毕业也随之改在7月暑假前派遣。1978级学生于当年9月入校,加上1977级学生,两届学生共有2959人。[①]

高考恢复后,1977年到1981年实施学年学时制,学制四年,为恢复时期。[②] 1979年暑假后,最后一届工农兵学员已全部毕业离校,在校生都是来自统一招考录取的高中生,北京大学已经恢复学制四年,教学各环节井然有序。

[①] 张宁.砥砺奋进,一路芳华:北京大学七十年教育教学探索之路[EB/OL].(2019-10-11)[2023-02-02]. https://news.pku.edu.cn/xwzh/16f14b005b214f4bac771925fbd03e1a.htm.

[②] 杜勤,睢行严.北京大学学制沿革:1949—1998[M].北京:北京大学教务处印,1998:149.

七、向科学进军:"国之重器"中的北大力量

中华人民共和国成立之初,党和政府就意识到科学技术的重要性,号召"向科学进军"。北京大学广大师生和校友满怀报国热忱,为推动我国的科技发展做出了重要贡献。

(一)打破封锁:"两弹一星"建功勋

"两弹一星"的研制过程面临着重重技术封锁和一穷二白的艰苦条件,我国科学家打破万难,攻克了无数科学和工程上的难题,一大批北大人也为之贡献了智慧和力量。中央表彰的23位"两弹一星"功勋人物中,12位来自北京大学,他们创造了"热爱祖国、无私奉献、自力更生、艰苦奋斗、大力协同、勇于登攀"的伟大"两弹一星"精神。

1955年,北京大学成立物理研究室,率先承担起为国家培养原子能人才的重任,在此基础上北京大学1958年成立原子能系,1960年又更名为技术物理系。该系首届毕业生中就有5位两院院士,被誉为"核科学家的摇篮"。

"两弹一星"核心科学家钱三强、彭桓武、郭永怀、邓稼先、朱光亚、于敏、周光召等都曾在北京大学或西南联大学习和工作过。作为北京大学物理系的第一批研究生,郭永怀拒绝高薪、拒入美籍,于1956年突破重围投身"两弹一星"事业,不幸坠机时仍用身体保护了研究资料。"共和国勋章"获得者于敏于1949年毕业于北京大学物理系,他长期从事核物理研究,被誉为中国"氢弹之父"。由于氢弹研制工作的高度保密性,他隐姓埋名、长期奔波,放弃了自己的研究方向,转而从事任务重、集体性强的氢弹研制。

(二)探索生命:人工全合成牛胰岛素

1959年,北京大学化学系师生与中国科学院上海生物化学研究所(以下简称"生化所")和有机化学研究所(以下简称"有机所")合作,开展了人工全合成牛胰岛素的重大科研项目的研究。1965年9月,世界上首次使用人工方法合成的结晶牛胰岛素诞生。题为《结晶牛胰岛素的全合成》的文章署名21人,其中北京大学化学系7人:邢其毅、季爱雪、陆德培、李崇熙、施溥涛、叶蕴华、汤卡罗。

人工全合成牛胰岛素研究获奖证书:1982年7月获国家自然科学一等奖

(图片来源:北京大学档案馆、校史馆)

在该项目研究初期,生化所计划将部分工作交给北京大学。1953年3月,曹天钦、钮经义、邹承鲁、鲁子贤、王芷涯5人来到北大做了相关报告。北京大学研究人员反响热烈,确定与生化所共同开展研究,承担胰岛素A链的合成任务。北京大学的邢其毅教授、张滂教授和陆德培等4位青年教师、季爱雪等4位研究生一起,带领有机专业的十多名应届毕业生加入研究团队。①

1960年,北大、复旦、生化所、有机所等单位共几百人开展科研群众运动,也就是轰轰烈烈的"大兵团作战"。但由于异地科研带来的沟通成本、时间成本与财务成本,最终研究团队集中在了上海。1963年至1965年,研究团队分别对天然胰岛素A、B链进行分别研究与合成研究以及成果检验。随后,由化学工业部上海医药工业研究所作了题为《合成胰岛素惊厥法测定结果》的报告,充分证明人工合成的牛胰岛素与天然的胰岛素具有同等的生物学活力,至此整个合成过程取得圆满成功。②

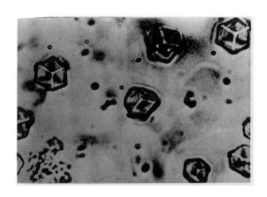

人工全合成牛胰岛素结晶

(图片来源:北京大学档案馆、校史馆)

人工合成牛胰岛素项目自1958年12月正式立项至1965年9月完成,历时近七年,是人类历史上第一次人工合成与天然胰岛素分子化学结构相同并具有完整生物活性的蛋白质,也是当时中国科技自主创

---

① 施雨.人工合成牛胰岛素及其历史地位[EB/OL].(2014-03-04)[2023-02-02].http://fdjp-kc.fudan.edu.cn/d201413/2014/0304/c15821a30698/page.htm.
② 刘锐.攀登科学高峰探索生命奥秘:人工合成牛胰岛素[N].医学科学报,2022-11-28(7).

新最有代表性的成果,在世界的生命科学发展史中都具有重大的意义。北大人参与的人工合成牛胰岛素项目标志着人类在探索生命起源、解开生命奥秘的征途中迈出了关键性的一步,开辟了人工合成蛋白质的时代。①

(三)自立自强:信息与工程研究获得突破

北京大学是中华人民共和国微电子与集成电路学科的起源地。1956年,来自北京大学、复旦大学、南京大学、厦门大学和东北人民大学五校的师生在北京大学相聚,在黄昆教授的带领下开展半导体专门化教育。这次集训奠定了我国半导体科学技术研究和集成电路产业发展的人才基础,也为北大在微电子领域开展研究工作开启了一扇大门。

1958年,集成电路在美国研制成功,揭开了信息时代微电子芯片的序幕,同年王阳元院士从北京大学毕业留校任教,并开始参与我国的集成电路研制工作。经过反复调研论证,王阳元与同事们决定将大规模集成电路研制的方向确定为研制硅栅 N 沟道 1024 位 MOS 动态随机存取存储器。1975年,北京大学研制成功了国内第一块 3 种类型(硅栅 P 沟道、铝栅 N 沟道和硅栅 N 沟道)1024 位 MOS 动态随机存取存储器,独立自主地开发出了全套硅栅 N 沟道技术,被称为我国 MOS 集成电路技术和产业发展过程中具有里程碑意义的事件。这款由中国自主研制的存储器,只比英特尔公司研制成功的硅栅 N 沟道 MOS DRAM 晚了 4 年。

1969年,国务院要求北京大学研制每秒百万次计算机,用于我国的石油勘探。北京大学联合其他单位展开技术攻关,在无技术、无资料、无经验的情况下,科研人员反复设计、调试操作指令,在 1973 年成功研制出中国第一台每秒钟运算百万次的集成电路电子计算机。这台被命名为

---

① 韩芳.光荣与梦想:北大科技强国七十年之路[EB/OL].(2019-10-08)[2023-02-02]. https://news.pku.edu.cn/xwzh/2c0d7bd1f83c49dbaa3fa26587b4d010.htm.

"150机"的计算机,为我国石油勘探数字化带来了一次重大革命。"150机"的研制成功也是中国计算机科学的重大突破。这台计算机也适用于工业、农业、科学研究等部门各种大型数据计算和数据处理,国防工业、气象等部门及众多科研工作都因此而获益。当年参加"150机"研制工程、负责指令系统和操作系统设计的杨芙清院士说:国家给你的路,就是一条最好的路。机遇不是刻意求来的,而是在踏踏实实的工作中得到的。

(四)济世为民:青蒿素造福人类

北京大学有着光荣和深厚的医学传统,众多北大医学人为人民的生命健康贡献了力量。疟疾是危害人类健康的最严重疾病之一。20世纪60年代,世界不少地区都出现了疟原虫对当时的抗疟药——氯喹产生抗药性的问题。1967年,中国启动"523"项目,重点研究解决抗药性疟疾的治疗药物、抗药性疟疾的长效预防药及驱蚊剂等问题。

北京大学校友屠呦呦任组长、校友于亚纲任组员的科研小组接受任务,专门开展抗疟中药的研制工作。中药青蒿在中国已有两千余年的使用历史,但青蒿素的提取却异常艰难。屠呦呦等科研人员翻阅古籍、反复测试,发现青蒿的乙醚提取物对疟原虫有极高的抑制率。为了将青蒿提取物尽快用于临床,屠呦呦亲自带头志愿参加第一批人体测试。

经过反复测试,1972年11月,屠呦呦小组从青蒿乙醚中性提取物中成功分离得到抗疟有效单体化合物的结晶,后命名为"青蒿素"。屠呦呦团队发现青蒿素,最终实现了青蒿素的全合成,使得青蒿素实现了向抗疟疾新药的转换。多年以来,青蒿素类药物在全球得以广泛运用,为挽救人类生命做出了巨大贡献。[①]

---

① 年学琦.屠呦呦:从北大走出的诺奖获得者[EB/OL].(2019-10-5)[2023-02-02]. https://news.pku.edu.cn/bdrw/6a67d4b5c7174631a53871689205694d.htm.

八、让世界认识中国:谱写来华留学教育新篇章

中华人民共和国成立伊始,党和国家高度重视来华留学教育。1952年,原设在清华的"东欧交换生中国语文专修班"因高校院系调整转入北大,从此拉开了北大来华留学教育工作的序幕。

(一)新篇初启,栉风沐雨

1952—1966年,我国来华留学教育学生规模较小,以社会主义国家留学生为主。"中华人民共和国成立后,波兰、捷克首先提出与我国互换留学生的建议。此建议得到毛泽东和周恩来等党和国家领导人积极支持。1950年,我国与东欧五国互换35名留学生,从此,揭开了中华人民共和国留学教育历史的帷幕。"[1]这是新中国接收的第一批来华留学生,他们于1950年进入清华大学成立的"东欧交换生中国语文专修班"学习。

1952年,专修班转入北京大学。1952年10月27日,经教育部批准,因"东欧交换生中国语文专修班"的学生成分已有改变,将该班定名为"外国留学生中国语文专修班"[2]。

党和国家高度重视来华留学教育,1953年4月发布了《关于外国来华留学生管理工作的几项措施建议》。同月,北京大学发布了《北京大学外国留学生中国语文专修班暂行规程(草案)》,第一条指出:"本班教学目的在于教授外国来华留学生基本掌握中国语文,以便进入中国高等学校学习或研究。为达此目的必须加强思想领导,并结合教授语文使其对新

---

[1] 李滔.中华留学教育史录:1949年以后[M].北京:高等教育出版社,2000:75.
[2] 王学珍,王效挺,黄文一,等.北京大学纪事:1898—1997[M].北京:北京大学出版社,2008:553.

中国获得初步认识。"①其余条款则规定了学制、开学时间、学习年限、毕业标准等内容。至此,北京大学开展来华留学教育工作的理念和制度初步形成。

1952年至1966年,北京大学共迎来1875名留学生,约占全国高校外国留学生总数的26%。这一时期,我国留学生工作的目标为"促进中国同各国间文化交流,增进中国人民同各国人民间友谊"。当时北京大学的留学生主要来自社会主义国家,约占总数的86.1%。同时,13个社会主义国家均有留学生来到北大学习,其中人数超过100的国家有越南、朝鲜、苏联和蒙古。

1953年9月,专修班制订了来华留学生汉语教学的第一个教学计划。计划指出,外国留学生汉语教学的要求是掌握汉语的基本知识,具备运用汉语听、说、读、写四方面的基本能力,为升入我国高等学校学习专业打下语言基础。

这一时期,北京大学非常重视留学生的汉语教学和专业教学。1958年,周恩来总理曾高度肯定北京大学的做法:"中国留学生专修班采用了汉语拼音方案的第一个草案进行教学,很有成效,说明汉语拼音方案在这方面有很大优越性,汉字和注音字母是远不能跟它相比的。"②同年9月,邓懿主编的《汉语教科书》俄语注释本出版,这是中华人民共和国第一部正式出版的供外国人使用的汉语教材。③

在专业教育方面,这一时期的外国留学生分布在北京大学地质、经济、历史、生物、中文、化学、考古、物理、数学等专业,并根据"学习上严格要求、生活上适当照顾"④的原则,按照既有学制和标准要求留学生的同时,结合具体情况开展帮助与辅导工作。

1953年7月,高教部在《关于各兄弟国家来华留学生的情况报告》中

---

① 程裕祯.新中国对外汉语教学发展史[M].北京:北京大学出版社,2005:16.
② 周恩来.当前文字改革的任务(1958年1月10日在政协全国委员会举行的报告会上的报告)[J].文字改革,1958(02):3-8.
③ 程裕祯.对外汉语教学发展史(1)[J].国际汉语教学动态与研究,2005(02):57.
④ 吉艳艳.近四十年间来华国际学生教育研究(1973—2013)[D].武汉:华中师范大学,2016.

提到,在政治教育方面,将基本理论课和讲座报告相结合,为留学生系统介绍新中国各方面的建设情况。学习之余,留学生们还有丰富的文娱生活,"组织他们到工厂、农村或古迹名胜等风景区参观游览,使他们多与我国劳动人民接近,多了解我国建设与发展情况"①。

图为北大中、外学生在工地上

(图片来源:北京大学档案馆、校史馆)

1962年6月,北京大学在北京市留学生工作会议中说明,十年来前后于北大语文班和各系毕业结业的留学生共有46个国家的1200多人,大部分学生完成了学习计划,基本上掌握了所学专业的基础理论、专业知识和实际技能;同时也增加了对我国的了解,受到了我国良好的影响,在扩大我国影响、增进各国人民的团结友好、促进文化交流等方面起了一定作用。北京大学来华留学生的教育工作,为全国的对外汉语教学以及留学生管理工作积累了初步的宝贵经验。

---

① 程裕祯.对外汉语教学发展史(1)[J].国际汉语教学动态与研究,2005(02):58.

(二)停滞数年,重新出发

进入20世纪60年代,国际国内形势风云突变,中国的外交和来华留学教育环境也面临前所未有的考验。1966年,中国高等教育部多次发文暂停或推迟留学生接受工作。1966年7月19日,教育部向各国驻华使馆正式通知:"从现在起,在华外国留学生、研究生、进修生,回国休学一年,这些留学生返华继续学习的时间,将另行通知。"通知发出后,在中国学习的近4000名外国留学生陆续回国。[①] 至此,我国接收外国留学生工作中断,来华留学教育事业陷入停滞。1966年至1972年,北大的留学生招生工作暂时停止。

1971年,朝鲜人民民主共和国希望派5至6名大学生来中国学习,周恩来总理指示:"送这些学生到北京大学学习。"新形势下,恢复接收外国留学生已势在必行。

东语系印度女教师格拉地·苏德在讲课

(图片来源:北京大学档案馆、校史馆)

---

① 程裕祯.对外汉语教学发展史(4)[J].国际汉语教学动态与研究,2006(02):84—90.

恢复接收外国留学生来华学习的工作首先是从北京大学开始的。1972年年初,北京大学被指定率先恢复招收外国留学生,为此,学校成立"留学生工作筹备小组",组织了汉语教学筹备组。同年,北京大学招收了来自越南、朝鲜、巴基斯坦、老挝、加拿大和美国的53名留学生。北大来华留学教育事业重新出发。

1973年,全国正式恢复接收外国留学生,北京大学每年接收大约一百名留学生。1975年的教学改革将部分汉语老师调整至文、史、哲各系,与系里给留学生上专业课的教师组成教学单位,负责为留学生打好汉语基础。1977年,北京大学外事机构进行调整,外事处下设外事办公室、留学生办公室和汉语教研组,分散在各系的汉语教师又回到了留学生汉语教研组。[1]

1977年9月,因留学生人数迅速增加,对外汉语教学迎来了新的挑战。为适应变化,留学生汉语教研组的教师们分工合作,在坚持日常教学工作的同时,用四五年的时间陆续编写出了《汉语教科书》《汉语口语》《听力课本》《初步汉语》《五家文学作品》等教材,解决了教材缺乏、单调和散乱的问题。

此外,北京大学的汉语教师们也在课程类型和形式上进行了创新。在课程设置方面,1972年至1979年间,北京大学汉语教研组在原有汉语、口语两种课型的基础上,增设了听力课和报刊阅读课,并利用电化设备进行教学,取得了良好效果。他们还多次组织留学生去工厂、农村进行教学实习,为留学生提供了接触社会、进行语言实践的机会。[2]

1966年至1978年,北京大学来华留学教育事业尽管经历了中断和停滞,但风雨中再次出发,肩负着为中国、为世界培养一流人才的崇高使命,以更加稳健的步伐和昂扬的精神迎接挑战,赓续开拓来华留学教育事业。

---

[1] 程裕祯.对外汉语教学发展史(4)[J].国际汉语教学动态与研究,2006(02):87.
[2] 同上书:88.

(三)广育英才,群星璀璨

1949年至1978年,近三十年中,北京大学至少招收了23届留学生。曾经在未名湖畔、博雅塔下读书的留学生们,走出北大,带着不可磨灭的记忆走向世界。

他们中有在学术领域大放异彩的知名学者。来自法国的白乐桑,1974—1975年期间在北京大学哲学系学习,后成为首任法国国民教育部汉语总督学、全欧首位汉语教学法博士生导师。①忆及北大,白乐桑表示,"北大,这个神奇的名字,承载着历史、精神的自由,以及从过去到现在对真理的追求"。②来自德国的罗梅君,1974年至1975年在北京大学历史学系学习,现任柏林自由大学孔子学院教授。她表示,北大和柏林自由大学一样,都是她无法离开、时刻挂念、努力贡献的地方。③

他们中也有与中国再续前缘的驻华使节。来自罗马尼亚的罗明,是中华人民共和国成立后北大的首届留学生,1952—1956年在北京大学中国语言文学系学习,曾任罗马尼亚驻华大使,他著有《罗中关系(1880—1974年)》《罗马尼亚的独立外交政策与罗中关系(1954—1975年)》等著作。他说,"在北大留学的生活令我难忘,博雅塔将永远留在我心中。我们全家都和中国有着很深的渊源,我们把中国当做第二故乡"。④巴勒斯坦前驻华大使穆斯塔法·萨法日尼,1976年毕业于北京大学中国语言文学系,在担任巴勒斯坦驻华大使期间,为推动巴中和阿中友谊与合作发挥了重要作用。

北大留学生中还涌现出很多优秀的政、商界领袖。穆拉图·特肖梅1977年至1991年先后在北大哲学系、国政系学习,获学士、硕士、博士学

---

① Joël Bellassen(白乐桑).北京语言大学语言资源高精尖创新中心[EB/OL].(2022-07-22)[2023-02-02]. http://yuyanziyuan.blcu.edu.cn/info/1033/1528.htm.
② 北京大学国际合作部.燕园流云:世界舞台上的北大外国留学生[M].北京:北京大学出版社,2010:80.
③ 同上书:67.
④ 同上书:9.

位。2013年10月7日,穆拉图成为埃塞俄比亚第四任总统。穆拉图说:"北大在我的求学生涯里占据了重要地位,我为自己曾就读世界上最高学府之一的北大而骄傲。作为北大的学生,作为中国社会和经济飞速发展的见证人,我感到无上光荣。"①

从1949年到1978年,筚路蓝缕三十年,北大来华留学教育从无到有,从微小到壮大。北京大学在来华留学教育的人才培养和教学管理等方面作出了积极的探索和实践,为中华人民共和国来华留学教育积累了丰富的经验。

---

① 孙昌銮.埃塞俄比亚总统与李克强是同期北大校友[N].北京青年报,2014-05-05(A05).

第四章

改革开放浪潮中的弄潮儿
（1978—1998）

第四章 改革开放浪潮中的弄潮儿（1978—1998）

一、北大青年的爱国热潮

1978年12月召开的党的十一届三中全会实现了伟大的历史转折，北京大学也进入了在改革开放中振兴发展的新阶段。国家对高等学校教育制度进行了重大改革和调整，北大的教学科研秩序陆续得到恢复。北大师生一直以来对国家发展和民族命运怀有强烈的使命感和责任心，经历了"文化大革命"后，青年学生急切盼望祖国能走出困境，走向富强，走上中华民族的复兴之路。在改革开放的浪潮中，他们继承和发扬"爱国、进步、民主、科学"的光荣传统，立时代潮头，开风气之先，喊出了"团结起来，振兴中华"的时代强音。

1981年3月20日夜晚，中国男子排球队在世界杯排球赛亚洲区预赛的关键一战中，先输两局，而后奋起直追、连扳三局，最终以3比2战胜韩国队，取得参加世界杯的资格。消息传来，整个中国为之欢欣鼓舞。当晚，北大"十一座宿舍楼的四千多名学生不约而同拥出房门"[①]，没有人组织，没有人号召，北大青年学生自发形成了长长的队伍，在校园里游行庆祝，为中国队的胜利热烈欢呼。他们边走边喊口号："中国队，万岁！""团结起来，为振兴中华而奋斗！"在楼群间的空地上，欢呼声、口号声此起彼伏，一浪高过一浪。在庆祝胜利的欢呼声中，北大学生响亮地喊出了"团

---

① 毕靖，徐光耀."团结起来，振兴中华！"[N].人民日报，1981-03-22(2).

结起来,振兴中华"的口号。

  第二天,时任新华社副社长兼总编辑穆青听到这个消息后,"触电一般,扔下正在往嘴里送的馒头,起身抓起电话,指示北京分社火速派记者前往采访"①。穆青说:"学生们喊出了'团结起来,振兴中华'的口号是一个很重要的新闻线索。"②新华社北京分社很快写出了新闻通讯稿《特写:"团结起来,振兴中华!"》,赞扬富有光荣革命传统的北大学生喊出的"团结起来,振兴中华"口号"是十亿人民的共同心声"。3月22日恰逢星期日,

1981年3月22日《人民日报》报道的《"团结起来,振兴中华!"》

(图片来源:《北京大学图史:1898—2008》)

---

① 张严平.穆青传[M].北京:新华出版社,2020:329.
② 穆晓枫."团结起来,振兴中华"口号何以传遍全国?[J].中国民族博览,2021(5):28-29.

尽管报纸版面非常紧张，收稿时间又晚，但是仍有包括《人民日报》在内的12家大报刊登了这篇通讯稿。另有11家大报后来采用此稿，香港《文汇报》和《大公报》也都用醒目标题刊登。中央人民广播电台《新闻和报纸摘要》也向全国进行播报。① 这个铿锵有力的口号，融汇了民族精神与时代精神，在改革开放初期的中华大地上迅速传播开来，起到了凝聚人心、鼓舞全国人民的积极作用。

1984年，全体毕业生向母校捐赠了"振兴中华"石碑。② 在它的背面，记录了"团结起来，振兴中华"口号的诞生历程。"振兴中华"碑是北大传统和精神的象征，体现了北大人强烈的爱国情怀和高度的历史责任感，体现了青年一代的时代自觉与使命担当，也表达了全国人民的共同心愿和不懈追求。

2018年5月2日，习近平总书记考察北大时再次以这一口号勉励青年学子："我记得，1981年北大学子在燕园一起喊出'团结起来，振兴中华'的响亮口号，今天我们仍然要叫响这个口号，万众一心为实现中国梦而奋斗。"③

2019年10月1日，在庆祝中华人民共和国成立100周年群众游行中，2232名北大师生组成的群众游行方阵走过天安门城楼时，再次喊响"团结起来，振兴中华"的口号。

在"振兴中华"碑落成那年的10月1日，北大青年学生再次喊出了时代呼声。那天是中华人民共和国成立35周年，北京大学师生组成的游行队伍行至天安门城楼时，生物学系细胞遗传学专业1981级学生郭庆滨、李禹、毛小洪和1980级学生常生展开了"小平您好"的大横幅。④ 这句简短朴实的话表达了青年学生对改革开放的衷心拥护，也表达了全国人民

---

① 王俊璞. "团结起来，振兴中华!"口号诞生始末[EB/OL]. (2022-01-11)[2023-02-01]. https://new.qq.com/rain/a/20220111A08SNZ00.
② 北京大学房地产管理部. 振兴中华碑[EB/OL]. (2017-07-26)[2023-01-30]. https://fdcb.pku.edu.cn/fwck/wwbh/wwxx_wwbh/1293934.htm.
③ 习近平. 在北京大学师生座谈会上的讲话[N]. 人民日报, 2018-05-03(2).
④ 闵维方, 周其凤. 北京大学与中国共产党:纪念中国共产党成立九十周年[M]. 北京:北京大学出版社, 2011:245.

的心声——这是北大青年学生与中国共产党同呼吸、共命运的写照,更是时代青年精神面貌和政治素养的集中展现。

1984年10月1日,北京大学师生参加国庆35周年庆典

(图片来源:《北京大学图史:1898—2008》)

二、首批设立博士后流动站

在改革开放之初,我国不少有识之士和国内外的专家学者提出,借鉴发达国家培养年轻高级人才的经验,在我国建立博士后制度。其中,北京大学校友、著名物理学家李政道教授在我国博士后制度的确立过程中发挥了关键作用。① 1983年3月和1984年5月,李政道教授曾两次给国家领导人写信,建议在我国建立博士后科研流动站、实行博士后制度。中国作为世界大国,必须培养一部分带头的高级科技人才,李政道指出:"取得博士学位只是培养过程的一环……青年博士必须在学术气氛活跃的环境中,再经二至六年独立工作的锻炼,才能渐趋成熟。因此,应在一些高等学校和研究机构中设置一些特殊的职位,挑选一些新近获得博士学位的

---

① 姚锐.中国博士后制度发展:政策分析的视角[D].南京:南京大学,2011:37.

人员在这里从事一个阶段的博士后研究,以拓宽知识面,进一步培养独立的工作能力,使之成为具有较高水平的专业人才。"①李政道教授的建议得到我国政府以及科技界、教育界的高度重视。邓小平同志在1984年5月会见李政道时,高度肯定了他的建议,并赞同说:"培养和使用相结合,在使用中培养,在培养和使用中发现更高级的人才。十个博士后流动站太少,要建立成百成千的流动站,成为制度。"②

1985年5月,国家科委、教育部和中国科学院同财政部、国家计划委员会、公安部、劳动人事部、商业部等有关部门向国务院报送了《关于试办博士后科研流动站的报告》。1985年7月,国务院正式批准该报告(国发〔1985〕88号)。相关部门成立全国博士后科研流动站管理协调委员会专家组,北京大学张恭庆任数学和天文学组成员、唐有祺任化学组组长及成员、陈德明任生物学组成员。③同年10月,北京大学成为国家首批设立博士后科研流动站的单位,共设立6个博士后科研流动站,分别是:物理学(包括理论物理、固体物理、核物理及核技术)、力学(包括固体力学、流体力学)、数学(包括基础数学、计算数学、应用数学)、大气科学(包括天气动力学、大气物理)、生物学(包括植物学、植物生理学、生物化学、动物学、昆虫学、生理学)、化学(包括无机化学、物理化学、有机化学、高分子化学)。1986年2月,北京大学正式发出招聘博士后启事。④

1988年,全国博士后管委会批准北京大学社会学、地理学设立博士后科研流动站。社会学是北京大学第一个设立博士后科研流动站的哲学社会科学专业。

截至2023年1月,北京大学共设立49个博士后科研流动站,其中校本部40个、医学部9个,涵盖了学校实力雄厚的理学、工学、医学、人文、

---

① 李政道.关于如何安排博士后科技青年的一些建议[G]//全国博士后管委会办公室.博士后工作文件资料汇编.北京:中讯国际传播公司,1988:141-145.
② 中共中央文献研究室.邓小平论教育[M].北京:人民教育出版社,2004:159.
③ 博士后办公室.探索与收获:北大博士后工作大事记[EB/OL].(2005-11-04)[2023-01-29]. https://news.pku.edu.cn/xwzh/129-102725.htm.
④ 同上.

社会科学和经济与管理六大学部的49个一级学科。① 博士后科研流动站所覆盖的学科专业分布日趋合理，充分体现了北京大学学科专业综合性的特点，形成了完备的博士后科研流动站体系。其间，北大累计招收博士后逾万名，优秀人才全面开花、硕果累累。据不完全统计，已出站博士后中，已有13人次当选为中国科学院、中国工程院、欧洲科学院、发展中国家科学院等科研学术机构的院士，为国家的科技创新事业提供了有力支撑。

三、推进校、院、系三级管理体制改革

中华人民共和国成立之后，我国高等学校管理体制借鉴、采用了当时苏联的模式，在大学中逐步建立起服务"专、精、尖"人才培养目标的校、系、教研室三级管理模式。这一模式适应了当时历史条件下政治、经济、社会、文化发展的需要，为国家工业化培养了大批高级专门人才，为社会主义建设做出了重要贡献。随着国际高等教育和我国改革开放形势的新变化，这一模式日渐跟不上中国发展的需要，特别是在专业设置方面口径窄，一定程度上限制了学科交叉融合与复合型人才的培养。

当时，经过近90年的发展，北大已经发展成为一个较为庞大的运行体系。从管理上看，直接从校到系的管理方式跨度较大，不利于提高办学效率，新的学科发展也可能受到制约。北大开始探索按学科专业特点分设若干学院，并形成了校、院、系三级管理体系。

北京大学经济学科的历史最早可追溯到1902年建立的京师大学堂商学科，1912年严复担任北京大学校长之后始建经济学门（系）。这是中国高等院校中最早建立的经济系科。改革开放之后，北大经济系焕发出新的生机，乘着改革春风不断壮大。1985年4月9日，学校党委常委会

---

① 北京大学博士后办公室简介[EB/OL]. (2022-11-01)[2023-01-30]. https://postdocs.pku.edu.cn/gk/jj/index.htm.

决定任命陈德华为经济系主任,洪君彦为国际经济系主任,厉以宁为经济管理系主任,并决定成立经济学院,由胡代光、陈德华、洪君彦、厉以宁、陈为民、董文俊等组成筹备组进行筹备。① 5月27日,教育部批复北大:"同意你校设立经济学院,院下的系的设置由你校自定。"②经济学院是自1952年我国院系调整以后北京大学设立的第一个学院,它的成立标志着北大校、院、系三级管理体制改革的起步。

1985年5月,北京大学经济学院成立大会

(图片来源:《北京大学图史:1898—2008》)

1994年7月中国共产党北京大学第九次代表大会审议通过的《北京大学改革和发展纲要》对校、院、系三级管理体制有比较详细的论述:"实行三级管理应本着精简高效,责权一致,党政分设机构,党政干部交叉兼职的原则。校级主要抓宏观管理和方针政策的制定,校级职能部门按职能分类,设置相应的处室。学院拥有相应的办学自主权,成为自行运转的

---

① 王学珍,王效挺,黄文一,等.北京大学纪事:1898—1997[M].北京:北京大学出版社,2008:1063.

② 同上书:1067.

办学实体,下设相应的科室,系级则摆脱日常行政事务,集中精力抓教学、科研。"①

经济学院成立后,二级学院如雨后春笋般诞生。1992年,马克思主义学院成立;1993年,生命科学学院成立;同年,工商管理学院成立,并于次年正式更名为光华管理学院;1994年,化学系更名为化学与分子工程学院;1995年,数学科学学院成立;1996年,学校组建国际关系学院;1999年,外国语学院、法学院相继成立。校、院、系三级管理体制渐趋成熟,管理效率大幅提升。

四、学位授予工作的先行者

"文化大革命"结束后,我国很快恢复了高考招生工作,迫切需要与之相适应的学位制度。1979年11月1日,邓小平同志在中国科学院成立三十周年大会上指出,只有建立学位制度,人才辈出才有希望,人才问题不从制度上解决是不行的。1980年12月1日,国务院批准成立国务院学位委员会;12月15日至18日,国务院学位委员会在京召开第一次(扩大)会议,审议通过了《〈中华人民共和国学位条例〉实施办法》和《国务院学位委员会关于审定学位授予单位的原则和办法》,确定了学士、硕士、博士三级标准以及授予办法。1981年11月3日,国务院正式批准了首批博士和硕士授予单位名单,批准北大70名教授、副教授有权指导博士研究生,北大是全国获批人数最多的学校。②

---

① 北京大学改革与发展纲要[EB/OL].(2019-04-04)[2023-01-29].https://zys.pku.edu.cn/zlgh/bdghsjk/htmlsub/h16.html.
② 闵维方,周天凤.北京大学与中国共产党:纪念中国共产党成立九十周年[M].北京:北京大学出版社,2011:230.

1983年获博士学位的张筑生,是北大培养的第一位博士,毕业后留校任教

(图片来源:《北京大学图史:1898—2008》)

1983年,数学系研究生张筑生成为北京大学第一个通过博士学位论文答辩的研究生,获得编号为001的博士学位证书。[①] 他的博士论文题目是《微分半动力系统的不变集》,导师为廖山涛教授。[②]

1985年7月,哲学系陈来、王东、刘笑敢三人通过了博士论文答辩。这是北京大学实行学位制度后的第一批文科博士。陈来的博士论文题目是《朱熹哲学体系及其形成和发展》,导师为张岱年教授。[③] 王东的博士论文题目是《辩证法科学体系的"列宁构想"》,导师为黄枬森教授。[④] 刘笑敢的博士论文题目是《庄子哲学的体系及庄学的演变》,导师为张岱年教授。[⑤]

[①] 闵维方,周其凤.北京大学与中国共产党:纪念中国共产党成立九十周年[M].北京:北京大学出版社,2011:230.

[②] 张筑生.微分半动力系统的不变集[D].北京:北京大学,1983:1.

[③] 陈来.朱熹哲学体系及其形成和发展[D].北京:北京大学,1985:1.

[④] 当代学者视野中的马克思主义哲学:中国学者卷(上卷)[EB/OL].(2020-06-21)[2023-02-07].https://www.pgsk.com/book/chapter/55635/13.html.

[⑤] 刘笑敢.庄子哲学的体系及庄学的演变[D].北京:北京大学,1985:1.

1985年7月,哲学系陈来、王东、刘笑敢三人通过了博士论文答辩

(图片来源:《北京大学图史:1898—2008》)

五、成立全国第一个马克思主义学院

北京大学的马克思主义理论研究和教育的历史最早可以追溯到五四时期。1918年,李大钊、高一涵等在北大发起我国最早的马克思主义研究团体。1920年3月,在李大钊的带领下,又秘密发起成立"北京大学马克斯学说研究会",并于1921年11月17日在《北京大学日刊》上刊发《启事》,"本会叫作马克斯学说研究会,以研究关于马克斯派的著述为目的",正式公开宣布研究会的成立,由邓中夏、黄日葵、高君宇、何孟雄、罗章龙、刘仁静等19人列名发起。[1] 研究会在研究、传播马克思主义方面开展了大量工作,起过重要作用。从1921年起到1926年,在《北京大学日刊》上都能看到研究会发布的各种《通告》和《启事》。

在中国大学中,北京大学是第一个把马克思主义理论正式列入课程公开讲授,并对学生进行考核的高校。自1920年起,李大钊在北京大学

---

[1] 马克思主义学院历史概览[EB/OL]. (2019-07-04)[2023-02-07]. https://marxism.pku.edu.cn/xygk/lsgl/index.htm.

史学系、经济系、法律系和政治系先后开设了"唯物史观""工人的国际运动与社会主义的将来""社会主义与社会运动"等马克思主义理论课或讲座,这在我国高等教育史上是第一次。此后,马克思主义理论课程在北大曾以多种形式开设,一直没有间断过,传播、运用和研究马克思主义成为北京大学的一个光荣传统。20世纪三四十年代,北京大学的一些教授也曾在经济系、政治系开设马克思主义理论课程。

中华人民共和国成立后,马克思主义理论教育在我国高等院校中占有十分重要的地位,成为社会主义大学的一个重要标志。北京大学成立了"新民主主义论教学委员会",由许德珩、冯定、胡世华、许宝騄、楼邦彦、杨晦、金克木、王铁崖等教授开设专题讲座,张友仁、汪子嵩、李由义、赵宝煦、许世华等任助教。中国人民大学何干之教授等也被聘请来校授课。此后,又先后成立了"政治课教学委员会",开设了"辩证唯物主义与历史唯物主义""社会发展史""中国革命史"等课程,还从校外邀请了艾思奇、胡绳、何思敬等著名学者来校授课。

1952年院系调整后,北京大学成立了马列主义基础教研室和中国革命史教研室,负责全校"马列主义基础"和"中国革命史"两门课程的教学。1964年又成立了公共政治理论课研究室。1978年4月,学校重建马列主义教研室。1980年,学校成立了马列主义研究所,这是从事马克思主义理论特别是科学社会主义理论的科研机构。1985年,学校成立马克思主义理论课教学指导委员会。这些机构,曾经为组织全校的马克思主义理论教育教学做出历史性的贡献。

进入20世纪90年代,国际国内形势的变化要求我国高校大力加强和改进马克思主义理论教育和研究,北京大学的历史传统和创建世界一流大学的奋斗目标也对马克思主义理论教育教学提出了新的要求。为进一步建好马克思主义理论阵地,理顺体制机制,凝聚力量,统一协调指挥,加强政策支持,1992年3月17日,学校发布《关于建立北京大学马克思主义学院的决定》,其中指出:"建立马克思主义学院是全面贯彻党的教育方针、端正办学指导思想、落实德育首位的一个重要措施。该学院在学校党委和行政的领导下,负责统一组织全校马克思主义公共理论课的教学和思想政治课的教育,开展马克思主义的理论研究,承担高等学校马克思主义理论课教师和党政干部的理论培训任务,并接受学校委托,组织校内各方面的理论力量开展理论研讨活动,逐步把学院建设成我校一个马克思主义理论的教育、研究和培训基地,成为思想政治教育的一个重要阵地。"①

马克思主义学院在全国首开的"邓小平理论课"受到学生们的欢迎,
先后获得北京市和教育部优秀教学成果一等奖

(图片来源:《北京大学图史:1898—2008》)

1992年4月2日,学校召开大会,宣布正式成立马克思主义学院。学校领导在讲话中指出,在国际社会主义处于低潮、马克思主义面临严重挑战之时,北京大学成立马克思主义学院,加强马克思主义理论的学习、研究和宣传,具有十分重要的现实意义,也是北大光荣传统在新的历史条件下的进一步继承和发扬。②

---

① 陈占安.马克思主义学院的十年回顾与前景展望[J].北京大学学报(哲学社会科学版),2002(5):29.
② 马克思主义学院历史概览[EB/OL].(2019-07-04)[2023-02-07]. https://marxism.pku.edu.cn/xygk/lsgl/index.htm.

六、世纪工程推动世界一流大学建设

20世纪90年代,为推进科教兴国战略,党中央、国务院于1993年2月发布《中国教育改革和发展纲要》,提出"要集中中央和地方等各方面的力量办好100所左右的重点大学和一批重点学科、专业"。国家教委根据这一文件精神,于1993年7月印发了《关于重点建设一批高等学校和重点学科点的若干意见》。该意见提出"面向21世纪重点建设100所左右的高等学校和一批重点学科点的计划",简称"211工程"。

在党和国家政策支持下,北京大学进一步研究学校改革和发展思路,为申请列入"211工程"做好准备。早在1992年,北京大学就在全校范围内开展了学科建设大讨论,分析了发展形势和方向目标,确定重点与优先发展领域,制定了以队伍建设为主的政策措施,与此同时还大力推进内部综合管理改革,为申请进入"211工程"建设名单夯实了基础。1993年5月,学校召开全校教学改革研讨会,进一步解放思想,凝聚共识。下半年,学校开始组织队伍进行申报"211工程"的规划和论证工作,一方面起草北京大学改革和发展纲要,确定跨入21世纪的奋斗目标和具体规划;另一方面进一步分析学科优势,积极推动优先发展学科的建设。1994年7月,中国共产党北京大学第九次代表大会召开,明确了学校改革和发展目标——在21世纪初叶建成世界一流的社会主义大学,并通过了《北京大学改革和发展纲要》,该文件的基本内容成为"211工程"申报文件的主体部分。

1994年9月,北京大学按照国家教委直属高校工作办公室《关于对北京大学、清华大学两校进行"211工程"部门预审工作的通知》,最终完成了《北京大学"211工程"建设规划》。该规划共分为三个部分:一是学校的自我评估;二是建设和发展规划及其可行性论证;三是整体改革思路和实施方案。此外,还有13个附件和一份关于重点学科与学科群建设的报告。1994年10月12日至13日,国家教委组织了对北京大学申请进入

1994年7月,中国共产党北京大学第九次代表大会召开

(图片来源:《北京大学图史:1898—2008》)

"211工程"的部门预审。专家组成员和国家教委直属高校工作领导小组成员听取了北京大学的汇报,并进行了实地考察,最后一致通过北京大学申请进入"211工程"的部门预审。1995年12月4日,国家计委、国家教委、财政部在北京联合召开专家审核会议,对北京大学"211工程"建设项目可行性研究报告进行审核。1996年8月12日,国家计委批复北京大学"211工程"建设可行性报告,宣布北大正式入选国务院批准的"211工程"首批建设名单。同年12月,国家计委、财政部"211工程"第一批中央专项资金到位,北大"211工程"进入实质性建设阶段。

进入21世纪,国家提出要在"十五期间"实施"211工程"二期计划。北京大学积极响应,于2003年批复立项建设"十五""211工程"建设项目。与一期建设专注改善基础条件不同,二期工程主要集中在重点学科建设、公共服务体系建设和师资队伍建设。"211工程"为北大事业发展插上了腾飞的翅膀。在实施"211工程"期间,学校教育教学质量、科学研究水平、行政管理水平和办学效益得到整体提升,各项事业呈现蓬勃发展的局面。

1994年10月,北京大学"211工程"建设项目通过国家教委部门预审会

(图片来源:《北京大学图史:1898—2008》)

七、深化教育教学改革,服务改革开放进程

改革开放后,随着经济体制改革的推进,经济社会发展对高校的人才培养工作提出了新要求。北京大学坚持服务国家发展需要,在人才培养模式上大力革新,积极培养适应改革开放需要的优秀人才。

从1983年开始,北大逐步开展了比较全面的教学改革,包括调整学科专业结构,通过加强应用学科和新兴、交叉学科,使北大成为门类较为齐全的综合型大学;扩大办学层次,通过增加研究生数量、开展成人教育、举办培训班等渠道,培养"四化"急需人才;全面修订教学计划,优化课程体系,使人才培养规格符合"四化"建设要求和科技发展趋势;改革教育管理制度,优化育人环境,形成"活"与"严"相结合的教学管理制度。[①]

---

① 王义遒.文理基础学科的人才培养[M].北京:北京大学出版社,2005:2.

1985年5月,中共中央出台《关于教育体制改革的决定》,提出要在专业设置、招生分配、教学改革等方面给予高等学校较多的自主权,这给了北大更大的改革动力与空间,深化教育教学改革提上议事日程。1988年7月,北大出台了《北京大学关于深化教育改革的设想》,提出改革的总体目标是要使学校教学"能够适应我国社会主义有计划商品经济的发展,适应国际竞争和新技术革命的挑战",要保持和发扬北大在我国科学文化事业中的地位和作用,提高我校在国家经济建设和社会发展中做出直接贡献的能力。[1] 基于这一目标,北大确立了"加强基础,淡化专业,因材施教,分流培养"的教育改革方针。

1993年2月,中共中央、国务院颁发了《中国教育改革和发展纲要》,提出新时期高等教育的改革和发展目标,即"高等学校培养的专门人才适应经济、科技和社会发展的需求,集中力量办好一批重点大学和重点学科,高层次专门人才的培养基本上立足于国内,教育质量、科学技术水平和办学效益有明显提高"。同年5月,北大召开全校"教学改革研讨会",这一会议继承了1987年"深化教学改革的设想"精神,结合新的时代特点和形势,明确提出了"北京大学改革和发展的目标是力争在下世纪初建设成为世界上第一流的社会主义新型综合大学,在教学质量、科学研究和管理水平上与世界著名大学相比拟。"[2]此外,会议还对计划经济模式下形成的教育体制的弊病达成了共识,认为要开展祛除这些弊病的改革,着重需要转变和树立四种观念,即终身教育观念、学生是学习主体观念、开放教学观念和从严治教观念。在此基础上,会议围绕"加强基础""改进选课办法,完善学分制""加强竞争机制,坚持严格要求""进一步改革课程内容、教学方法,加强与社会实际的联系"等方面提出了一系列改革措施。这次研讨会在教育改革基本思想方面进一步统一了思想、凝聚了共识,为

---

[1] 北京大学.北京大学关于深化教育改革的设想[M]//王义遒.文理基础学科的人才培养.北京:北京大学出版社,2005:13.

[2] 北京大学.北京大学1993年教学改革研讨会纪要[M]//王义遒.文理基础学科的人才培养.北京:北京大学出版社,2005:28.

今后的教学改革奠定了良好的基础。

20世纪80年代中期以来,经过近十年改革,北大在教育教学方面有了长足进步。1993年5月,学校举办北京大学95周年校庆教学改革成果展览,对这一时期北大的教学改革实践及其主要成果进行了系统梳理与呈现。总的来说,"改革开放以来,北京大学已由一所以文理基础学科为主的综合大学发展成为本科、研究生、成人教育多层次和人文、社会、教育、自然、工程、信息、管理等多学科体系的新型综合大学"①。

1994年,面对经济社会和科学技术急速发展的新形势,北京大学又提出了"面向21世纪课程体系和教学内容的改革与建设"的课题,并进行了为时一年的全校大讨论。这一讨论的主要内容就是根据学科发展情况与未来趋势,确定本专业的"基础"究竟是什么,以及应该怎样"打基础",以此来确定课程体系和教学内容改革的方向,并落实到编写新教材中。②由此带动了新一轮的教学改革。

师资队伍是影响教学科研的关键因素,因此北大的师资队伍建设是与教育教学改革的深化相伴而行的。改革开放后,北大逐步完成定额定编、职称评审、确定教师退休年龄等工作,加速了师资队伍的更新和"换血",初步解决了"文化大革命"造成的教师队伍严重断层的问题。此外,北大还尤其注意年轻教师的培养,为青年人才的成长提供了诸多政策和资金支持。从1987年起,学校就确立了年轻教师破格晋升教授、副教授的制度。1993年,北大设立了人才开发办公室,并拨款100万元设立"北大跨世纪中青年优秀人才培养基金"。此后,北大方正集团出资100万元为青年教师设立"21世纪人才奖励基金"。1994年3月,学校正式推出"跨世纪学术骨干培养工程",开始做更具体深入的工作。1994年初,学校制定了"北京大学优秀中青年教师选拔培养办法",并完成了1994年度的评审,使优秀人才及时脱颖而出。经过多年的人才工作,北大的师资队

---

① 北京大学.本科教育改革与成果[M]//王义遒.文理基础学科的人才培养.北京:北京大学出版社,2005:32.
② 王义遒.行行重行行:王义遒口述史[M].武汉:华中科技大学出版社,2019:134.

伍进一步年轻化、专业化。1994年制订的《北京大学"211工程"建设规划》中提到:"目前,北大50岁以下的博士生导师有14人,50岁以下的教授78人,40岁以下的副教授195人。他们在教学、科研工作中作出了突出的成绩,引起了国内外学术界的关注。在有些学科领域,如化学、数学、生物等已经形成了一个较为年轻的学术骨干群体。"①

八、建立国家重点实验室,大力推进科技创新

改革开放后,我国迎来了"科学的春天"。1978年3月,邓小平同志在全国科学大会开幕式上明确指出:"四个现代化,关键是科学技术的现代化。"②他还作出了"科学技术是第一生产力"的重要论断,这为我国科技事业的全面复苏奠定了思想基础。随着经济体制改革的不断深入,我国开始进入计划经济向市场经济转型的过渡阶段,科学技术在推动和发展生产力方面发挥着越来越重要的作用。但在当时,国家基础研究整体实力薄弱、力量分散,在基础研究方面的投入短时间内又无法大幅增加,使得科学技术的进步难以满足经济社会发展的需要。在此背景下,国家计委开始筹划"国家重点实验室计划"。

依照该计划,国家将在全国范围内选择现有的具有优势的研究领域,并依托大学和研究机构建设一批国家重点实验室。国家重点实验室是相对独立的科研单元,实行"开放、流动、联合、竞争"的运行机制,在学术、人事、财务等方面有一定的自主权,接受依托单位的管理和国家定期评估。③ 这既有利于凝聚基础研究的科研力量,有组织地开展科学研究,还能为科研人才提供较为自由宽松的科研环境。1984年,"国家重点实验

---

① 杨开忠.向上的精神:北京大学规划文选(1914—2013)[M].北京:北京大学出版社,2014:359.
② 邓小平文选(第二卷)[M].北京:人民出版社,1994:86.
③ 侯宏飞,贡集勋,罗小安,等.重点实验室的建设与发展[J].中国科学院院刊,2012(6):726.

室建设计划"正式启动,国家先期投资6100万人民币,同时核拨1660万美元的外汇额度,用于购置国外先进仪器,并于当年批准建设了首批10个国家重点实验室。

北大作为国内高校中基础研究领域的排头兵,主动面向国家战略,积极筹建国家重点实验室。1986年,依托以数学系、计算机系、无线电系为主体成立的信息科学中心,北京大学开始组织建立第一个国家重点实验室——视觉与听觉信息处理国家重点实验室。1986年3月11—12日,国家教委召开对北大"视觉与听觉信息处理国家重点实验室"的论证会。由12位专家组成的专家组在听取信息中心主任石青云教授的论证报告、参观了有关实验室后认为:这样一个实验室建在北大是非常必要的和合适的,北大提出的研究内容及实验室系统配置是合理的。[1] 同年6月,该国家实验室经国家计委批准建立,1988年12月通过验收,这标志着"视觉与听觉信息处理国家重点实验室"正式成立。

此后,学校又建立了"蛋白质工程及植物基因工程""区域光纤通信网与新型光纤通信系统""人工微结构与介观物理""分子动态与稳态结构""稀土材料化学及应用""湍流研究""文字信息处理""环境模拟与污染控制"等一系列国家重点实验室。在这些国家重点实验室的推动下,北京大学基础研究水平大幅提升,产出了一系列重要的科研成果,有力推动了学科建设和人才培养,为经济社会发展做出重要贡献。

九、改革开放时期的重大科技创新和思想理论成果

改革开放时期,北大人自觉融入"团结起来,振兴中华"的历史潮流,在科技创新和思想理论上作出了一批开创性成果,为国家经济社会快速发展做出了突出贡献。

---

[1] 王学珍,王效挺,黄文一,等.北京大学纪事:1898—1997[M].北京:北京大学出版社,2008:1085.

科技创新领域涌现出一批重大自主创新成果。王选教授是我国计算机汉字激光照排技术创始人。20世纪70年代,为了能够在计算机上使用汉字进行办公,国家于1974年设立了"748工程",即"汉字信息处理系统工程"。当时,王选是北京大学无线电子系的一名普通教师,当他得知"748工程"时,对该工程的一个子项目——汉字精密照排系统,产生了极大兴趣,开始着手进行研究。经过不懈努力,他发明了高分辨率字形的高倍率信息压缩技术和高速复原方法,破解了如何在计算机中储存和输出巨量汉字信息这一世界性难题,并决定跨越日本、欧美流行的二代、三代照排方案,直接研制第四代激光照排系统。这一技术方案向学校汇报后,获得了时任校领导的高度重视和大力支持,学校从各单位抽调人员成立会战组,协作攻关。1979年7月27日,我国第一张用汉字激光照排系统输出的报纸样张《汉字信息处理》在北大"汉字信息处理技术研究室"的计算机机房里诞生。1980年,王选研究团队又排印出第一本样书《伍豪之剑》,此后,汉字激光照排系统的实用化研究开始驶入快车道。1981年,汉

王选院士研发的激光汉字编排系统参与国家鉴定会

(图片来源:《北京大学图史:1898—2008》)

字激光照排系统原理性样机研制成功，并顺利通过部级鉴定。1985年5月，新型"计算机—激光汉字编辑排版系统"顺利通过国家经委主持的国家级鉴定。我国的汉字激光照排系统正式迈向实用性样机阶段，并得以进一步大范围推广。正是在这一技术的支持下，我国报业和印刷出版业开启了"告别铅与火，迎来光与电"的新时代。鉴于在汉字激光照排领域的突出贡献，王选荣获2001年度国家最高科学技术奖。

黄昆教授是我国固体物理学和半导体物理学奠基人之一。中华人民共和国成立后，时任北大教授的黄昆积极投身半导体教学工作，曾任北大半导体教研室主任。在他的努力下，北大半导体专业培养出了一批又一批优秀的半导体人才，为国家半导体事业发展贡献了巨大力量。1977年，在邓小平同志的关怀下，黄昆调至中国科学院半导体研究所任所长，他针对理论物理的前沿问题开展攻关，取得了一系列重要成果。1979年，黄昆受邀访问意大利国际理论物理中心，在国际物理学界发出了中国声音。1985年，他与朱邦芬研究半导体量子阱超晶格物理，建立超晶格光学振动的理论，后来被国际物理学界称为"黄-朱模型"。在"黄-朱模型"的基础上，他们提出了国际上第一个系统的多量子阱和超晶格中光学声子拉曼散射微观理论，解决了超晶格领域存在20多年的难题，提出了对现代光电子产生深远影响的原创理论，并推动了相关领域的发展。1989年，在他的带领下，半导体研究所成功组建了半导体超晶格国家重点实验室，开创了我国在材料科学和固体物理学等崭新领域的研究工作。鉴于在半导体领域的卓越贡献，黄昆荣获2001年度国家最高科学技术奖。

徐光宪教授被誉为我国"稀土之父"。稀土在能源、军工、通信等多个领域有着广泛用途，被国外媒体称为21世纪科技发展的钥匙。长期以来，西方国家垄断着稀土分离技术，我国作为稀土资源大国却受制于人。徐光宪为留美博士，研究方向为量子化学，归国后任教于北京大学化学系。1972年，北京大学接到分离镨钕的紧急任务，徐光宪勇担重任。稀土元素性质相似，分离极为困难，国际上通行的离子交换法、分级结晶法提取成本高、提取纯度低,无法投入大规模工业生产。徐光宪经过深入研究,决定采取新的技术路线,自主创新提出一套串级萃取理论,创造出DTPA推拉体系,成功实现了稀土的回流串级萃取,成功把镨钕分离后的纯度提升到有史以来最高的99.99%。该理论彻底改变了稀土分离工艺从研制到应用的试验放大模式,使本身难以分离的镨钕具有高达4的分离系数,远远超过了国际同行的结果。徐光宪并没有停留在理论创新的功劳簿上,为了将技术推广至大规模工业生产,真正利国惠民,徐光宪又不断简化系统生产工艺,从理论归纳到实践操作,设计出一种新的回流串级萃取工艺,提出串级萃取理论,将模拟实验全流程用时从原来的100多天骤减到7天。自此,我国的稀土分离技术从无到有,并实现了从设计参数到工业生产的"一步放大",被国际稀土界称为"中国冲击"(China Impact)。中国的稀土产业竞争力大大提高,稀土分离技术产业化水平跃居世界首位,实现了从稀土"资源大国"到"生产大国"的飞跃,徐光宪也在2008年荣获国家最高科学技术奖。

徐光宪院士指导学生进行实验
(图片来源:北京大学档案馆、校史馆)

思想理论领域的代表人物是我国"股份制改革"的理论先驱——厉以宁教授。十一届三中全会作出了改革开放的伟大决策,但此后中国经济面临"如何改"的难题。1980年5月,在中共中央书记处与国家劳动总局召开的劳动工资座谈会上,厉以宁提出采取股份制改革来振兴我国经济的建议。1986年4月26日,厉以宁在北京大学纪念五四运动学术讨论会上,首次提出了所有制改革,并指出:"所有制改革是改革的关键";同年九月,厉以宁在《人民日报》上发表《我国所有制改革的设想》,积极呼吁开展股份制改革。1990年,厉以宁出版《非均衡的中国经济》,这本书后来被誉为"影响中国经济体制改革最重要的十本书之一"。股份制改革在当时并没有被广泛接受,一些质疑的声音指责其为"私有化的产物"。在北大兼容并包的学风下,股份制改革研究得以继续进行。1992年,中共十四大正式确定股份制改革的方向。同年,厉以宁担任《中华人民共和国证券法》起草组组长,曹凤岐参与起草。在中国股份制改革的进程中,北大学者积极参与股份制改革并提供了重要的理论支撑。

厉以宁在北京大学庆祝改革开放40周年座谈会上发言

(图片来源:北京大学新闻网)

第五章

迈向新世纪的百年学府
（1998—2012）

一、百年庆典,燕园新貌

(一)北京大学建校百周年庆典在人民大会堂举行

1998年5月4日,北京大学建校百周年庆典在人民大会堂举行。党和国家领导人江泽民、李鹏、朱镕基、李瑞环、李岚清参加庆典。中央、国家机关有关部门负责人,北京市等省市负责人,出席大学校长论坛的海内外大学校长,诺贝尔奖和菲尔茨奖获得者,北京大学名誉教授、校际交流学校代表、知名人士,为北京大学发展做出重大贡献的国内外重要企业负责人,北京大学历任党委书记、校长代表,历任北京大学地下党负责人和"一二·九"时期老同志代表,北京大学校友代表和在校师生员工代表8000多人参加了庆祝大会。庆祝大会由时任北京大学党委书记任彦申主持。

庆祝大会在庄严的国歌声中开始举行。时任北京大学校长陈佳洱院士首先介绍北大的光荣历史和发展现状:100年来,北大培养了近20万名毕业生,其中许多人成为社会各界卓有建树的优秀人才,他们在影响和推动中国近现代思想理论、科学文化和高等教育发展的进程上,在社会主义现代化建设中发挥了重要的作用。目前,北大共有8个学院和23个系、52个研究所、63个研究中心、2个国家级工程研究中心、42个国家重点学科,已建成国家重点实验室11个、国家重点学科专业实验室4个。北京大学是中国推进现代化建设的重要教育中心和科学研究中心。

庆祝北京大学建校100周年大会在人民大会堂举行

(图片来源:北京大学档案馆、校史馆)

时任教育部部长陈至立宣读了教育部的贺信。贺信说,北京大学百年校庆,不仅是北大发展史上的一件大事,也是我国教育界的一件大事。随着国家科教兴国战略的进一步实施,教育科技将在我国现代化建设中发挥越来越大的作用。贺信希望北京大学能够继往开来,继承和弘扬百年优良传统,在新世纪铸造新的辉煌。

时任联合国秘书长安南也发来贺信,他高度赞扬了北京大学对中国的科学、文化生活所产生的巨大影响,并对北大组织21世纪高等教育论坛表示赞赏。安南的特使、秘书长外事办公室主任环纳在庆祝大会上宣读了安南的贺信。

时任中共中央总书记、国家主席江泽民在讲话中强调指出,北大在长期发展和斗争历程中形成的爱国、进步、民主、科学的光荣传统,显示的不断钻研、求实、创新、向上的优良学风,生动地体现了中国人民自强不息、开拓进取的民族精神,也是北大永葆生机的重要动力。这种优良传统和精神动力,要永远发扬光大。

百年校庆,是北大发展史上的一件大事,是北大发展过程中的一次重要契机。百年校庆不仅提升了北大的国际学术形象,也极大凝聚了包括北大校友在内的各界人士对北大和高等教育的关注。与百年校庆渊源深厚的"985工程"的启动更为北大的发展提供了强大动力,为北大实现新的跨越式发展发挥了重要作用。

与此同时,图书馆新馆、百周年纪念讲堂、校史馆等一批新建筑在百年庆典前后落成,燕园展现出新的面貌。

(二)图书馆新馆落成

1998年,北京大学百年校庆之际,图书馆新馆(东楼)落成,与旧馆完美对接,北大图书馆在建筑规模上成为当时亚洲第一大高校图书馆。图书馆新馆(东楼)于1996年6月20日动工,1998年5月4日北大百年校庆之际竣工。该馆舍由清华大学建筑设计院设计,中国工程院院士关肇邺教授担任东楼总体设计师。在建筑风格上,东楼既有燕园建筑的传统风格,又不失现代文化气息,既与校园及周边建筑融为一体,又突显了自身特色。该馆舍地上7层,地下2层,总建筑面积26680平方米,总高37米,由主楼和两个配楼三部分组成,以西侧与老的西楼馆舍东侧相连而建。外形与西楼浑然一体,东西楼一到四层各层等高连接,内部与西楼合二为一,珠联璧合,成为同一空间,极大方便了读者利用和日常管理。东楼的建成,增加了300万册藏书空间和2000个阅览座位,改善了图书馆的阅读和工作条件,受到全校师生的欢迎。

2000年,原北京医科大学图书馆并入北大图书馆。医学馆拥有馆舍面积10200平方米,阅览座位700余个。2005年,由教育部和北京大学拨款,对图书馆西楼重新进行了改造和修缮,增加面积1385平方米。2009年在昌平校区建成国内首例远程储存图书馆,面积近5000平方米。加上已建成的41个分馆,至2017年,图书馆总面积已达90000平方米,为创建世界一流大学图书馆提供了良好的馆舍条件。

一百多年来,经过几代北大图书馆人的辛勤努力,北京大学图书馆形成了宏大丰富、学科齐全、珍品荟萃的馆藏体系。目前总、分馆纸质藏书超800万册,特别是馆藏中的150万册中文古籍尤为世界瞩目,其中20

万件5至18世纪的珍贵书籍,是中华民族的文化瑰宝,被国务院批准为首批国家重点古籍保护单位。此外,外文善本、金石拓片、晚清民国时期出版物的收藏均名列国内图书馆前茅,为研究者所珍视。

今天的北京大学图书馆站在新的历史起点上,以兼收并蓄、传承文明、创新服务、和谐发展为服务宗旨,力求建设一个世界一流的,资源丰富、设施先进、高水平、现代化的,以数字化、网络化为技术基础的北京大学文献资源保障与服务体系,为学校的教学科研提供文献信息保障,为加快建设中国特色世界一流大学服务。

(三)校史馆落成

北京大学校史馆坐落于燕园校区西校门内荷花池畔,1998年5月北京大学百周年校庆时奠基,2001年9月落成,2002年5月4日正式开放。校史馆由江泽民同志题写馆名。

馆舍分为三层,建筑面积3100平方米。首层为序幕厅及专题展厅。地下一层为"今日北大——北京大学发展成就展",展出北京大学新时代的发展成就。地下二层为北京大学百年校史陈列,以"爱国、进步、民主、科学"的光荣革命传统、"勤奋、严谨、求实、创新"的优良学风及"思想自由,兼容并包"的学术精神为主线,将北大百年发展历程分为九个阶段依次展示。地下二层设有北京大学名人墙,展出了北大历史上杰出的革命家、思想家、理论家、科学家、教育家的生平简介及照片。

校史馆主要工作为校史展览、校史研究及校史文物的征集、保管和展出,是北京大学党史校史教育的课堂、宣传北大的窗口、联系校友的平台,也是校史研究的基地和活跃校园的阵地。

(四)百周年纪念讲堂落成

北京大学百周年纪念讲堂坐落于燕园中心,是北京大学百年校庆之际建成的标志性建筑。百周年纪念讲堂自2000年5月开始运行,二十多年来，在繁荣校园文化、弘扬高雅艺术、服务素质教育、助力人才培养、搭建交流平台方面发挥了重要作用，是北京大学建设中国特色世界一流大学进程中对外展示的形象窗口之一。

从20世纪50年代到今天，讲堂已经发展演变了三代。第一代是20世纪50年代的"大饭厅"，那时没有椅子，只有一张简易的方桌。"大饭厅"主要是为了解决吃饭场所问题而建，兼有电影放映、组织学校会议和学术报告的功能。马寅初著名《人口论》的首次演讲、"两弹一星"视频的播放、周恩来总理等众多党和国家领导人以及学术大师的演讲等均在此处进行。第二代始于1983年，改革开放后，大饭厅装上了座椅，安装了顶棚和舞台，更名为"大讲堂"。1997年1月，为了迎接百年校庆，"大讲堂"被拆除，在原址上修建了百周年纪念讲堂。

作为一所现代化的多功能校园剧场，百周年纪念讲堂给广大师生提供了丰富的精神食粮。白天，展板上张贴着醒目的海报，售票处排起长队；夜晚，这里灯火通明，乐声悠扬。日与夜，热闹与庄重，在这里完美融合。讲堂建筑面积1.26万平方米，建筑物最高处为34.8米，地上主体三层、地下一层，建筑风格独特，硬件设施一流，内设拥有2063个座位的观众厅，以及李莹厅、化妆间、排练厅、纪念大厅、四季庭院、会议室、展廊、贵宾接待室、观众休息厅等场地资源，另有先进的舞台机械及自动控制系统、电影数字立体声还音系统等专业设备。

自建成运行以来，讲堂在配合学校重大活动基础上，每年承接推出文艺演出、电影放映、讲座、典礼、会议、展览、新闻发布等活动数百场，逐渐朝着成熟的综合性多元化剧场迈进，成为北大校园文化建设的风向标。

二、"985工程"启动，建设世界一流大学成为国家战略

1998年5月4日，在庆祝北京大学建校一百周年大会上，江泽民同

志表示:"为了实现现代化,中国要有若干所具有世界先进水平的一流大学。"①中国教育部决定在实施《面向21世纪教育振兴行动计划》中,重点支持北京大学、清华大学等部分高等学校创建世界一流大学和高水平大学,并以江泽民同志在北京大学建校100周年大会上的讲话时间(1998年5月)命名为"985工程"。

实施"985工程",是党和国家在世纪之交作出的重大决策。为贯彻落实党中央科教兴国战略和江泽民同志的号召,1999年,国务院批转教育部《面向21世纪教育振兴行动计划》,"985工程"正式启动建设。"985工程"一期建设率先在北京大学和清华大学开始实施。

"985工程"建设的总体思路是:以建设若干所世界一流大学和一批国际知名的高水平研究型大学为目标,探索建立高等学校新的管理体制和运行机制,抓住机遇,集中资源,突出重点,体现特色,发挥优势,着重提高高等学校的科技创新能力和国际竞争能力,走有中国特色的建设世界一流大学之路。

"985工程"建设任务主要包括机制创新、队伍建设、平台和基地建设、条件支撑和国际交流与合作五个部分。机制创新,要坚持改革和创新,深化高等学校内部管理体制和运行机制改革,以适应世界一流大学建设的需要。队伍建设,要造就和引进一批具有世界一流水平的学术带头人和创新团队,加快建设一支具有世界一流大学水平的教师队伍、管理队伍和技术支撑队伍。平台和基地建设,要紧密结合国家创新体系的建设,以国家目标为导向,瞄准世界先进水平和国家重大需求,重点建设一批创新平台和创新基地,促进一批世界一流学科的形成,使之成为攀登世界科技高峰、解决重大理论和实践问题、带动相应学科领域发展的重要基地,使高等学校成为国家创新体系的重要力量,增进国家核心竞争力。条件支撑,要建设公共资源与仪器设备共享平台,建设配置合理、设施完备的教学科研用房,继续改善所建高校的教学科研基础设施。国际交流与合作,要加强与世界

---

① 江泽民.在庆祝北京大学建校一百周年大会上的讲话(一九九八年五月四日)[M]//中共中央文献研究室.十五大以来重要文献选编(上).北京:人民出版社,2000:327.

一流大学或学术机构开展实质性合作,推动中国高等教育国际化进程。

"985工程"一期的建设,为我国建设世界一流大学和高水平研究型大学积累了经验,奠定了坚实基础。2004年,根据国务院批转教育部《2003—2007年教育振兴行动计划》,教育部、财政部印发《教育部、财政部关于继续实施"985工程"建设项目的意见》,启动了"985工程"二期建设,列入"985工程"建设的学校共39所。"985工程"二期建设目标是巩固一期建设成果,为创建世界一流大学和一批国际知名的高水平研究型大学进一步奠定坚实基础,使一批学科达到或接近国际一流学科水平,经过更长时间努力,建成若干所世界一流大学。

2010年,根据中共中央、国务院印发的《国家中长期教育改革和发展规划纲要(2010—2020年)》,教育部、财政部印发《教育部、财政部关于加快推进世界一流大学和高水平大学建设的意见》,新一轮"985工程"建设开始实施。2015年8月,中央全面深化改革领导小组第十五次会议审议通过《统筹推进世界一流大学和一流学科建设总体方案》,将"211工程""985工程"等重点建设项目统一纳入世界一流大学和一流学科建设。至此,我国高校开始了"双一流"建设时期。

在"985工程"建设中,北京大学立足于人才强校,始终坚持以师资队伍建设为核心,把建设一支高水平的教师队伍作为创建世界一流大学的关键。在"985工程"一期规划中,北京大学明确提出"建设世界一流大学,关键是建设世界一流的教师队伍"。在"985工程"二期规划中,提出了"以队伍建设为核心"的思路。为进一步营造有利于杰出人才成长的学术环境,在"985工程"的助力下,北京大学先后启动了"百人计划""海外学者讲学计划"等一系列人才计划,极大调动了全校教师的积极性和创造性,也吸引了大批海内外优秀学者汇聚北大,教师队伍的结构不断优化,队伍的整体素质、活力和核心竞争力得到显著提高。

"985工程"实施以来,北京大学以国际科技前沿和国家重大需求为导向,围绕经济建设和社会发展中的重大问题,建设了一系列高水平科研平台和基地;围绕公共服务体系、公共基础设施和实验室等内容进行了一系列的条件支撑建设;深入贯彻实施全方位、开放式发展战略,不断扩大学校的对外开放,丰富国际合作交流的内容,坚持务实、高效和长久的合作,逐步提升国际化水平;通过管理体制创新,运行机制创新,积极探索世界一流大学建设的新机制。

自建设世界一流大学成为国家战略以来,党和国家对高等教育发展大力支持,极大促进了中国高等教育走向世界。北京大学全体师生员工奋力拼搏、埋头苦干,学校各项事业取得了跨越式发展。

三、北京大学开展机构改革

"985工程"启动后,北京大学开启建设世界一流大学新征程,为进一步理顺办学治校的体制机制,机构改革工作随即开展。1999年4月,北京大学以"精简机构,压缩编制,改进管理,转变作风,改善服务,提高效能"为原则进行了机构改革,对相关职能部门进行了整合优化。

本次改革中,对教学、科研岗位按照重要程度分为3类各3级,新增的岗位津贴由此确定,这项津贴的建立是为创建国际一流大学而设立的岗位奖励津贴。A类岗位为校级关键岗,其中,A1岗位吸纳成就突出的著名学者,A2岗位吸纳学科带头人,A3岗位吸纳教学、科研骨干。B类岗位为院系重点岗,C类岗位为基础岗,它们也都各分3级,被聘上岗者每月获得相应的岗位津贴。全校教学、科研人员按照个人申报、院系评议、校学部资格认定、校学术委员会资格再认定、校党政聘用的程序,重新聘任岗位。首次启动试用期为1年,1年后正式聘任,聘期3年或4年。

同时,为推进"三级建制,两级管理"的管理体制改革,北京大学率先对教学单位试行学部制管理体系。1999年7月,北京大学印发《北京大学关于成立学部学术委员会的通知》(校发〔1999〕86号),设立理学部,甘子钊担任首任学部主任,姜伯驹、赵新生、赵进东担任学部副主任;设立信息与工程科学部,杨芙清院士担任首任学部主任,佘振苏、王子宇担任副主任;设立社会科学学部,厉以宁为首任学部主任,吴志攀、马戎担任学部副主任;设立人文学部,袁行霈担任首任学部主任,赵敦华、申丹担任学部副主任。

北京大学医学部挂牌

(图片来源:北京大学档案馆、校史馆)

2000年4月,北京医科大学与北京大学正式合并,组建新的北京大学,北京医科大学正式更名为北京大学医学部。2016年6月,北京大学印发《关于北京大学经济与管理学部班子任职的通知》(校发〔2016〕117号),批准成立经济与管理学部,聘任张国有为北京大学经济与管理学部主任,平新乔、刘国恩、张志学为北京大学经济与管理学部副主任。

目前,北京大学形成了理学部、信息与工程科学部、人文学部、社会科学学部、经济与管理学部、医学部等6个学部,涵盖了全校所有院系和学科,这也是学校的6个交叉学科群。各学部主要承担学科发展规划、协同各院系联合建设相关学科等职责,2017年学校专门设立了各学部办公室,进一步加强学部在学术治理、学科建设等工作中的协调职能。在学部的统筹下,学校的学术治理体系更加完善,特别是促进了各学科、各院系之间的密切交流,形成了坚持以问题为导向、主动交叉、主动融合的良好局面,在培育新兴交叉学科、形成新的学科增长点上进一步夯实了体制机制基础。

四、新世纪之初组建新的北京大学

2000年3月31日,教育部印发《关于北京大学和北京医科大学合并组建新的北京大学的决定》(教发〔2000〕72号),同意北京大学与北京医科大学合并组建新的北京大学。该决定指出,两校合并组建新的北京大学,是我国高等教育管理体制改革的一项重大举措,对于构建我国21世纪高等教育的新体系和开创高等教育的新纪元具有深远意义,并希望新的北京大学的全体师生员工同心同德,加快校内管理体制改革和教学改革,尽快实现实质性融合,不断提高教学水平、科研水平和办学效益,早日建成世界一流大学,为我国的现代化建设和繁荣昌盛做出新的贡献。

4月3日,北京大学与北京医科大学正式合并,组建新的北京大学,原北京医科大学党委书记、校长王德炳为新组建的北京大学党委书记;原北京大学校长许智宏担任新组建的北京大学校长。5月4日,北京医科大学正式更名为北京大学医学部,中国科学院院士韩启德教授任北京大学常务副校长兼首任医学部主任。两校合并符合新时期医学研究和教育模式发展变化的需要,也有利于北京大学进一步增强综合性大学的多学科优势,加快建设世界一流大学的步伐。

中共中央政治局常委、国务院副总理李岚清同志出席了在北京大学举行的两校合并大会并发表讲话。[①] 他指出,党中央、国务院对北京大

---

① 尹鸿祝,江涛,温红彦.北大北医大合并组建新北大[N].人民日报,2000-04-04(1).

学、北京医科大学合并组建新的北京大学十分重视,江泽民同志专此致信,寄予厚望。北京大学和北京医科大学在历史上曾经是一家,两校学风相似、学科互补,在长期的办学历程中合作密切、关系融洽,特别是1994年开始酝酿联合办学以来,两校间的融合不断深入,为今天的合并打下了良好的基础。两校合并,是水到渠成的结果,是在优势互补、合理配置和充分利用教育资源基础上的强强联合,是我国高校管理体制改革和布局结构调整的又一重大举措。他指出,是否拥有世界先进水平的一流大学,是一个国家高等教育发展水平的重要标志,也是国家综合实力的反映。江泽民同志在北京大学百年校庆大会上提出:"为了实现现代化,我国要有若干所具有世界先进水平的一流大学。"[1]组建学科更加齐全、结构更加优化、综合实力更强、办学效益更高的新的北京大学,体现了建设具有世界一流水平的综合大学的必然要求。

江泽民同志在信中说,北京大学和北京医科大学合并组建新的北京大学,以提高综合实力和办学效益,这是我国高等教育体制改革中的一件喜事。国之兴旺,教育为本。教育在经济社会发展中具有不可替代的基础性和先导性的作用,全社会都要高度重视,都要关心和支持。综合性大学在人才培养、科学传播、知识创新等方面具有十分重要的作用,应该成为科教兴国的生力军。希望北京大学的师生们继承和发扬光荣的革命传统与优良的学术精神,抓住机遇,改革创新,朝着建设世界一流大学的目标继续奋斗。希望全国教育战线的同志们,坚定不移地贯彻党的教育方针,教书育人,勤奋工作,为改革开放和社会主义现代化建设,为中华民族的伟大复兴做出新的、更大的贡献。[2]

合校后,医学部充分利用北京大学综合学科优势,加强交叉融合、助力学科发展,推动医学教育改革与科学研究,努力改善基础设施条件;启动并不断探索临床医学、药学与预防医学学生长学制的培养模式,大力推

---

[1] 江泽民.在庆祝北京大学建校一百周年大会上的讲话(一九九八年五月四日)[M]//中共中央文献研究室.十五大以来重要文献选编(上).北京:人民出版社,2000:327.
[2] 尹鸿祝,江涛,温红彦.北大北医大合并组建新北大[N].人民日报,2000-04-04(1).

进医学学科与理科、工科、人文社会学科的交叉,学科实力显著提升,学科布局进一步优化。在教育强国战略、健康中国战略、科技强国战略和创新驱动发展战略等国家战略的大背景下,在"211工程""985工程"和"双一流"建设的支持下,北大医学部进入了一个新的历史发展阶段,以"临床医学＋X"为抓手,在学科建设、人才培养、师资队伍建设、教学科研等各方面都取得了显著成绩,为将北大建设成为世界一流大学奠定了坚实基础。

近年来,北大医学部以"四个面向"为指引,以立德树人为根本,聚焦卓越医学人才培养目标,推动新时代教育教学改革;组织围绕国家重大需求的科技攻关,推动医学部多学科交叉协同发展,促进科技创新和成果转化;持续优化医学部和校本部深度融合的顶层设计和实施方案,积极推进医学部与校本部深度融合;抓住历史机遇,着力拓展新空间,挖掘现有空间资源,提升校园文化;围绕"以人民为中心"的办医理念,打造医疗卫生高地。

今天的北大医学部拥有两院(中国科学院、中国工程院)院士、"973"计划和重大科学研究计划项目首席科学家、国家杰出青年科学基金获得者等大批国际、国内知名的医学教育、科研、临床方面的专家。医学部设有5个学院,分别是基础医学院、药学院、公共卫生学院、护理学院、医学人文学院;6家直属附属医院、4家共建医院和11家教学医院,承担相关学科的教学、科研、实习任务,并向社会提供医疗保健服务;拥有3个国家一级重点学科,12个国家二级重点学科,1个国家重点实验室,1个国家工程实验室,5个国家临床医学研究中心,3个国家国际联合研究中心,2个国家医学中心,65个省部级设置的实验室、国际科技合作基地、研究(室、中心)。医学部对外交流活动丰富,在人才培养、科学研究、学术研讨等方面开展了广泛的交流与合作,与100多所海外高校和机构建立了合作关系,与10余所协议学校建立了MD-PhD项目,设立了43个学生交流项目,其中包括32个临床海外轮转项目,10余项国际交流奖学金项目,搭建起国际医学教育资源共享的平台。在国际科研合作方面,医学部与多个国际合作伙伴建立了转化医学与临床研究国际联合研究平台,该平台被科技部认定为"转化医学与临床研究国家国际联合研究中心";积极响应国家"一带一路"倡议,牵头成立"中国—东盟高校医学联盟",进一步推动中国与东盟国家医学院校和医疗卫生机构在医学教育、医学研究和医疗卫生等领域的全方位交流与合作,助力构建区域人类卫生健康共同体。

五、创办北京大学深圳研究生院,打造"南国燕园"

2001年1月,北京大学与深圳市人民政府签署《合作创办北京大学深圳校区协议书》,共同创办北京大学深圳研究生院,以探索中国高等教育改革为使命,拉开了市校合作的序幕。

北京大学深圳研究生院校园图景

(图片来源:北京大学深圳研究生院)

北京大学深圳研究生院坐落于深圳市南山区西丽镇丽水路深圳大学城内,校园占地面积21.28万平方米。作为北京大学建设世界一流大学的重要组成部分,深圳研究生院在创办之初,就立志成为中国高等教育综合改革的突破口,以"前沿领域、交叉学科、应用学术、国际标准"为办学方针,以服务深圳及国家战略需求为目标导向,经过20多年发展,深圳研究生院依托北大、立足深圳,逐步成为扎根深圳的研究型国际化校区。

在学科建设方面,深圳研究生院立足北京大学的品牌优势和学科实力,结合深圳的区位优势,布局和抢占科学发展制高点,努力营造良好、宽松、自由、稳定的学科发展氛围,培育促进重大成果产生的土壤,鼓励原始创新的不断涌现;以学院为支撑、以重点实验室和重大创新工程等重大平台为依托,深耕人才培养与科技创新。深圳研究生院现有信息工程学院、化学生物学与生物技术学院、环境与能源学院、城市规划与设计学院、新材料学院、汇丰商学院、国际法学院以及人文社会科学学院等八个学院,学科方向涉及计算机科学与技术、电子科学与技术、化学、环境科学与工程、地理学、生态学、材料科学与工程、理论经济学、工商管理等九个一级学科。

其中,信息工程学院成立于2002年,专门从事信息工程领域的科学技术研究和高层次人才培养。建院以来,该院充分结合北京大学的综合学科优势和粤港澳大湾区的信息产业优势,在科学研究、技术开发和人才培养等方面均取得了显著成绩。一批科研成果在我国的信息行业得到广泛应用并产生了显著经济效益,多次获国家、广东省和深圳市政府的科技奖励。学院拥有政府批准设立的各类科研载体10余个,承担了"973计划""863计划""国家科技重大专项""国家自然科学基金""深圳市科技计划"等国家、省、市级重要科研项目500多项,已成为北京大学信息学科的重要组成部分。

化学生物学与生物技术学院创建于2003年,学院创造性地将现代有机合成化学、药物化学、生物学、计算和生物信息学、转化医学等学科集成整合,多领域科学家协同攻关,密切配合,开辟了原创技术集成创新的新路径,搭建了一个现代化的药物研发平台,探索培养交叉复合型高层次生物医药研发人才新模式。学院是第一个教育部批准备案的"化学基因组学"专业二级学科博士授予点,研究生培养方向包括:疾病发生机制与疾病模型研究;药物作用靶标及作用机制研究;计算化学与药物设计;重要天然产物及药物的合成及方法学研究等重要前沿领域。目前,学院拥有国家级创新载体1个:省部共建肿瘤化学基因组学国家重点实验室。省部级创新载体2个:广东省化学基因组学重点实验室,广东省纳米微米材料研究重点实验室。还拥有深圳计算化学与药物设计重点实验室等3个深圳市级重点实验室,深圳多能干细胞分化技术工程实验室等4个工程实验室,以及深圳药物筛选和临床前药效评价公共服务平台等3个公共技术平台。

汇丰商学院创办于2004年,是集教学、研究和社会服务于一体的学院。2008年8月30日,汇丰银行捐赠1.5亿元人民币支持北京大学建设世界一流商学院,学院正式冠名为"北京大学汇丰商学院"。学院的目标是建设国际化的教学环境,致力于经济、金融、管理的前沿学术研究,建设一流的"商界军校",培养有领导力、有自制力、有远大视野的商界领袖。从2010年起,学院开设EMBA项目,并从2013年开始招收在职MBA硕士研究生。学院同时开设高级管理人员培训项目(EDP)等非学位教学项目。目前,汇丰商学院实行国际化教学与国际标准的行政管理体制,不断与世界接轨完善教学科研环境,已经通过AACSB(国际商学院联合会)、EFMD(欧洲管理发展委员会)、AMBA(英国工商管理硕士协会)三大国际认证。学院还在英国牛津郡设立了北京大学汇丰商学院英国校区,2018年3月,"北京大学120周年海外庆典暨英国校区启动仪式"举行。2018年9月英国校区迎来首批学生入学,目前英国校区招收管理学硕士、金融硕士以及工商管理硕士等专业的国际留学生。

国际法学院创立于2008年,是国内唯一提供美国法律培养模式(J.D.)的法学院,也是中国及全世界范围内,唯一将美国法律培养模式(J.D.)和我国传统的法律硕士培养模式(J.M.)相结合培养法律人才的法学院。同时,学院还针对国际学生提供LL.M.培养项目。国际法学院法律硕士(非法学/法学)&J. D. 项目学制为四年。严谨的教学、中英双语法学教育模式能够让学生更好地适应经济全球化背景下日益显著的普通法系、大陆法系以及中国法律传统之间的交融。

2009年,深圳研究生院环境与城市学院拆分为环境与能源学院和城市规划与设计学院。其中环境与能源学院主要面向国家生态文明建设、碳达峰与碳中和、粤港澳大湾区发展等重大战略需求,建设以资源效率不断提升为目标、河流海洋全物质通量研究为特色、多学科交叉融合为途径的环境新工科,打造集基础研究、技术攻关、市场应用与国家战略决策支持于一体的减污降碳科技产业创新高地,培养引领未来环境科技和产业发展的高层次复合型人才,重点发展河流海洋生态环境、减污降碳环境技术、大气污染区域防控等学科方向。目前,学院已建有国家环境保护臭氧污染防治重点实验室(深圳)、深圳重金属污染控制与资源化重点实验室、深圳节能减碳数据平台及分析技术工程实验室等多个重点实验室。

城市规划与设计学院立足粤港澳大湾区国家发展战略,致力于探索城市规划设计领域国际化视野下的本土化实践路径,培养"国际眼光、前沿理论、本土经验"的城市规划设计高端人才,在城乡规划与治理、智慧城市与交通规划、生态环境规划等领域,打造独具特色的融合城乡规划与国土空间规划的理论研究、技术研发与管理创新综合学术高地。目前,学院有两个基础"双一流"学科:地理学和生态学。

新材料学院创建于2013年,学院以"为北大创建一流的材料科学与工程学院贡献深圳力量"为办学目标,通过前沿领域的国际合作基础研究、应用领域的产业合作开发及交叉学科的协同研究开发,培养具有全球视野和创新能力复合型新型人才。长期以来,学院致力于新材料"基因组"与清洁能源体系的研发,重点领域包括清洁能源的采集(热电、太阳能电池)、存储(储能和动力电池)与应用(新能源汽车、新型有机光电显示、照明)及通过高通量的材料计算、合成与检测等新材料"基因组"技术开展关键材料等研究,为新能源、新材料产业的发展提供技术支撑。学院以产业化发展目标进行交叉学科的协同创新,承担国家新能源汽车(动力电池)重大创新工程项目,先后获评深圳市重点实验室、深圳市工程实验室,获得国家和地方基础及应用专项支持等。

人文社会科学学院是北京大学在深圳的文科基地,为人文和社会科学各专业进行科研、教学、跨学科和对外交流合作等提供了有力平台。学院目前包括社会学、传播学两个专业。社会学专业,作为北京大学的基础学科之一,落地深圳后,加强各种实地调查研究工作,与深圳、香港以及国际学术界广泛合作,取得了一系列成果,为深圳社会经济发展做出了贡献。传播学(财经新闻),是以新闻传播与财经学科交叉,在新媒体环境下,培养与国际接轨,具有高水平专业技能的财经记者、编辑及具备相关领域专业知识的国际传播人才。

深圳研究生院创办20多年以来,为北大创建中国特色世界一流大学做出了重要贡献。当前,深圳研究生院不断优化新工科、新文科等学科布局,大力促进基础研究与应用研究协调发展,更加主动地融入大湾区发展战略,搭建了高层次的国际性学术交流平台、合作实验室,不断提升国际影响力。越来越多的国际老师、国际学生来北大深研院教学、科研和学习,越来越多的海外高校与北大深研院建立合作,北大深研院全方位、高水准的对外开放格局基本形成。

六、创新人才培养模式

以北大百年校庆和"985"计划为契机,北京大学开始了新一轮教育改革。1999年,北大创建世界一流大学计划正式启动,为了进一步明确改革的思路和方向,学校成立了本科教育教学发展战略研究小组,探索新的人才培养模式。经过一年半的反复论证,学校在之前提出"加强基础、淡化专业、因材施教、分流培养"十六字方针的基础上,确定了"在低年级实行基础教育、通识教育,在高年级实行宽口径的专业教育"的改革思路,决定启动以蔡元培先生名字命名的本科教学改革计划——元培计划。①

2001年6月,教务部门在本科教学工作会议上正式提出,围绕"为国家社会主义现代化建设事业培养能够在各个行业起到引领作用的顶尖专业人才"的人才培养目标,在全校范围内实施宽口径的专业教育和通识教育、实行完全的学分制的教育教学改革方案,在低年级进行通识教育、高年级进行宽口径专业教育;在教学资源和学生自身条件许可的情况下,自由选择专业;在教学计划和导师指导下,采用自由选课学分制。2001年9月20日,学校正式发布《关于实施本科教学改革计划——"元培计划"的决定》(校发〔2001〕144号文件),成立主管校长牵头的"元培计划"管理委员会,负责实施元培计划。元培计划是国内通识教育改革的先锋,也是北大改革道路上的又一个里程碑,它和高度重视专业教育、明确院系差别的传统本科教育模式差异巨大,改革探索的任务极为复杂艰巨。当时,学校作了慎重的考虑,决定先建立元培计划实验班,在小规模试行中积累经验,推动全校范围内的渐进改革和探索。②

2001年9月,首届元培计划实验班启动,新成立的元培计划管理委员会则对实验班进行全程管理。实验班在当年北大的新生中再次选拔录取了第一届学生,从2002年起在高考中以单独院系的形式招生。作为本科教育改革的"特区",它将按照全新的模式来办学和培养人才,在多种办学模式并存、竞争的过程中,探索新的人才培养模式实践,形成成熟的学籍课程管理、思想政治教育和生活组织方式。实验班在低年级实行通识教育,主要学习通识教育选修课和学科大类平台课,学生根据自身特点和兴趣,结合教学计划,在导师的指导下自由选课,并在进一步了解自己的特点特长、北大的专业学科设置的基础上,选择进一步学习的专业领域。学生修满规定学分即可毕业,可以根据实际需要安排学习进度,实施弹性学制。各院系有教学经验的教授作为元培学生导师,对学生进行选课、选

---

① 林建华.什么是成功的大学教育[N].光明日报,2015-12-15(13).
② 陈向明,等.大学通识教育模式的探索:以北京大学元培计划为例[M].北京:教育科学出版社,2008:231-235.

专业、专业学习等方面的指导。学生一直按照元培的行政班级管理,不同专业混合居住、密切交流、共同学习、激扬灵感。

北京大学元培计划导师讲座

(图片来源:北京大学元培学院)

元培计划实验班的"自由选择"探索,是把专业资源和学生志趣、社会需要和个人发展结合起来的重要探索。但是,任何改革的推进都不会是一帆风顺的,新的人才培养模式需要大量实践,面临着许多困难。"自由选课制度"是一项前所未有的尝试,需要行政、教务部门和各院系的共同配合和摸索才能实现。元培模式和传统专业模式的"双轨制",存在不少摩擦和冲突,课程组织、教室安排和教学计划更难协调。在2005届元培计划实验班学生毕业典礼暨座谈会上,时任校长许智宏说:"教学改革不仅涉及制度的变革,而且涉及观念的更新。而无论是制度的革新还是观念的变化,都是一个艰难甚至痛苦的过程。元培计划实验班的实践也说明了这一点。"[①]

---

① 赵婀娜.北大"元培计划",培养拔尖人才[N].人民日报,2011-09-14(1).

北京大学元培计划实验班第一届(2005届)学生毕业合影

(图片来源:北京大学档案馆、校史馆)

元培学生一方面获得了很多"自由选择",另一方面也被要求花更多的时间和精力去自主规划课程,避免各类课程时间、课程内容以及考试时间等的冲突,同时,他们还要承受因为许多不成熟甚至失败的尝试对自己学习计划、进度和整体结果的影响。但正是这些挑战,大大激发了元培学生自我规划、自我管理的热情,他们因此成为北大教学改革的重要推动力量。元培的培养模式吸引了很多高考的高分考生,很多学生主动选择元培实验班,在对自我和学科专业都有了更好的了解后,他们能够做出相对更科学合理的学科专业选择。

2007年,元培计划实验班发展为元培学院,通识教育试点模式招生进一步稳定下来,学院规模扩大到200多人。元培毕业生的质量也日益受到社会认可。2009年,元培模式获国家级教学成果一等奖和北京市教学成果特等奖。除了探索新的培养方案体系,元培计划还利用制度优势,探索和组织新型跨学科专业,以学院为平台,整合相关专业的跨学科资源,先后打造了"古生物学""政治学、经济学与哲学""外国语言与外国历史""整合科学"和"数据科学与大数据技术"等培养难度大、学科跨度大的专业,为国家培养眼界宽广、基础坚实、专业精神的尖端创新人才。①

北京大学元培学院成立暨2007级新生开学典礼

(图片来源:北京大学档案馆、校史馆)

与实验班的发展同步,北大按照改革计划,在全校范围内逐渐铺开一系列教学改革措施,探索在北大进一步进行宽口径人才培养的成熟方案。2002年起,学校大规模修订教学计划,重点加强通识教育选修课和平台课程的建设,建立了体系完整、科学合理的通选课制度,取消了限制性选修课,课程体系焕然一新。过去,北大各专业的毕业学分要求大多在150~170分,经过调整专业培养方案、减少专业必修学时的改革,学分要求压低到全国高校中最低的140分。同时,开设第二学位,实施更灵活的转系转专业制度,为学生提供了更加灵活的空间。各院系也都着手建立本科生导师制,通过增加小班教学、探索实践和本科生科研基金等方式,鼓励有志于高深研究的学生参与教师的科研活动。2004年,北大全面废除传统的专业招生办法,除医学部与外语专业以外,全部以院系和学科大类为单位招生,按照新的培养计划开展本科教学,进一步贯彻"加强

---

① 赵婀娜.北大"元培计划",培养拔尖人才[N].人民日报,2011-09-14(1).

基础、淡化专业、因材施教、分流培养"的方针。

元培摸索出的好做法、成功经验,逐渐向全校推广。从元培计划实验班、元培学院到全校本科教学课程改革,北大的本科教学改革不断积累经验,不断推向纵深,逐步形成了扎根中国大地、面向世界一流的博雅教育特色,培育了一系列面向未来的交叉学科专业。2016 年,北京大学实行全校本科教育改革,在更大范围内落实了自由选课和自主选择专业制度,培养方案进一步凝练。2015 年 8 月,元培学生集体入住燕园 35 楼,进一步探索住宿制书院的中国形式,通过五育并举、整体培养,为学生思想激荡、卓越成长提供更广阔的空间。未来,这块试验田将继续为北大、为全国兄弟高校的领军人才培养开辟道路、贡献智慧。

七、深入推进学科交叉融合发展

在"985 工程"一期(1999—2004)这个起步阶段,北京大学按照"择优扶重"的基本指导思想推动人事制度和工资制度改革,调动教职员工的积极性,同时加大投入,改善学校的教学科研条件。在这个阶段,学校基础学科大大加强,应用学科快速发展,教育教学改革不断突破。

交叉学科不仅是科研创新的重要领域,也是培养新型人才不可或缺的基础条件。在学科前沿和交叉学科领域开展原创性研究,面向国家经济社会发展的需要做出创新贡献,更是创建世界一流大学的内在要求。北大有着很强的基础学科,人文、社会科学、理学和医学方面的积淀非常深厚,高新技术和新兴工程学科成长迅速,这就为交叉学科建设提供了充分的条件。

2002 年,学校结合实际情况,在第一期经验基础上申报"985 工程"二期建设,学校发展规划部门经过调研论证、集思广益,六易其稿,对未来三年的发展目标、发展思路和整体工作进行了规划,提出了"以队伍建设为核心,以交叉学科为重点,以体制机制改革为动力,推进学术创新平台建设和学校全面发展"的基本指导思想,制定了《北京大学创建世界一流大学规划(2003—2005年)》。

在这个三年规划中,"根据国家社会经济和科技发展的需求,充分发挥学科综合优势,进一步推进理科、文科与医学等方面的学科融合,促进交叉学科和新学科生长点的发展,更大限度地满足国家对高水平自然技术科学、人文社会科学和医学科学人才及成果的需要",被列为学校改革发展的主要任务之一。[①] 根据规划,学校不断完善学科布局、优化学科结构,有选择地重点发展了一些新兴的边缘学科、交叉学科,适当增加了国家急需的应用学科、高新技术和工程学科。信息科学、生物医学、新材料科学、环境科学、地球与空间科学及国家经济与社会发展的重大人文、社会科学研究领域,成为学校学科建设重点支持的方向。24个性质相近学科组成的学院为"栋",9个跨学科学科群和一系列跨学科中心为"梁"的"行列式"逐渐建立起来。

早在20世纪70年代末,北大就建立了环境研究中心、脑与认知研究中心和语言与听觉研究中心等交叉学科研究机构。通过"985工程"二期的建设,学校在一些重要前沿和交叉学科领域又建设了新的机构,前沿与交叉学科研究院、分子医学研究所、深圳化学基因组学实验室、生物动态光学成像中心、功能成像中心、临床研究所等新的交叉学科研究机构成立,理论生物学中心、生物医学跨学科中心、纳米中心等跨学科研究机构快速发展,核磁中心、超净实验室、动物中心和中国社会科学调查中心等重要的公共研究平台搭建形成。北大交叉学科团队在相关领域取得了一批重大研究进展,聚集了更多优秀学者。北大的学科布局更加合理,学术研究更加活跃,学术实力大大加强。在此期间,教师兼聘制度、跨院系招收和指导研究生制度等有利于交叉学科发展的体系也逐渐完善。

经过"北京大学前沿交叉学科研究院建设"领导小组和筹备小组一年多的努力,2005年12月,学校正式批准成立前沿交叉学科研究院,这在

---

① 北京大学创建世界一流大学规划(2003—2005年)[M]//杨开忠.向上的精神:北京大学规划文选(1914—2013).北京:北京大学出版社,2014:206.

国内高校中开了先河。2006年4月4日,"前沿交叉学科研究院"成立大会在英杰交流中心隆重举行。许智宏校长和韩启德院长共同为前沿交叉学科研究院正式揭牌。韩启德说,"交叉学科研究院要努力做到二十四个字:虚实结合,摒弃浮躁,完善制度,项目带动,兼容并包,外向开放",开展与生命、信息和材料等先进科学与高新技术相关的创新性研究工作,为科学、为北大的学术发展做出贡献。① 理论生物学研究中心副主任欧阳颀教授做了题为"生命科学中的非线性物理"的报告,开启了师生徜徉交叉学科旅程的第一步。

北京大学前沿交叉学科研究院所在的静园一院

(图片来源:北京大学前沿交叉学科研究院)

前沿交叉学科研究院有纳米科学与技术研究中心、生物医学跨学科研究中心、定量生物学中心、生命科学联合中心、大数据科学研究中心、环境与健康研究中心、磁共振成像研究中心、科学史与科学哲学研究中心、

---

① 北京大学前沿交叉学科研究院正式成立[EB/OL].(2006-04-04)[2023-02-01]. http://www.aais.pku.edu.cn/yanjiu/shownews.php?id=394.

脑科学与类脑研究中心、睡眠研究中心等十多个研究机构，涵盖数学、物理学、化学、生物学、医学、工学等学科的众多交叉研究领域，承担了"863计划""973计划""国家自然科学基金""国家科技重大专项"等在内的数百项国家级、省部级科研项目，获得多项国家自然科学奖和国家技术发明奖。

2014年，为适应交叉学科快速发展的需求，研究院协助并推动学校成立了全国高校第一个"交叉学科学位评定分委员会"，理顺了交叉学科学生在培养过程中乃至学位与毕业要求等各个环节。经学院牵头、交叉学科学位评定分委员会与校学位评定委员会审核，教育部批准北京大学先后在前沿交叉学科研究院自主设立了"数据科学""纳米科技"和"整合生命科学"三个全新的交叉二级学科。2021年10月，北京大学学位评定委员会审议新增设置整合生命科学、纳米科学与工程和数据科学与工程3个交叉一级学科博士点。在前沿交叉学科研究院，一套统筹全院大局、突出中心特点的跨学科研究生培养制度逐渐建立、成熟起来。

当前，新一轮科技革命和产业变革突飞猛进，学科交叉融合成为学科发展的必然趋势。2018年5月，习近平总书记在北京大学考察时特别指出，要下大力气组建交叉学科群和强有力的科技攻关团队。北大努力构建有利于学科交叉融合的良好氛围，建设了一批前沿交叉研究特区，持续加强对重点学科、重点方向的投入，成立一大批新型交叉学科研究平台，推进新工科、"临床医学＋X"建设，昌平新校区优先保障战略新兴专业空间，大力推进数字人文科学、计算社会科学学科建设，不断拓展和深化研究领域。人文社会科学研究院作为学校重要的跨学科交流平台，不断拓展与国内外高水平大学、研究机构的合作。广大教师勇于探索科学"无人区"，在新兴前沿交叉领域成为开拓者，抢占世界科技发展的制高点。中国学、数据科学、整合生命科学和纳米科学与技术4个交叉学科，整合科学、外国语言与外国历史等10余个跨学科专业，古典语文学、思想与社会、严复班、计算与艺术等跨学科项目蓬勃发展。在各个交叉学科平台上，共计587人获得博士学位，233人获得硕士学位，学生毕业后继续从事科研、研发类工作的比例达到80%。①

八、抗击"非典"的全面胜利

2002年年末,"非典"(SARS)疫情首先在广东出现,到2003年4月份开始向全国其他省份扩散。2003年4月下旬、5月上旬,北京疫情进入高发期,成为全国发病较多的地区之一,每天新增病例和疑似病例一度占全国当天新增病例和疑似病例的将近一半甚至一半以上。

面对"非典"疫情严峻的形势,北京大学严阵以待,广大师生齐心协力、和衷共济,在学校防治"非典"工作领导小组的指挥下,打好了防治"非典"的"校园保卫战"。4月8日、11日,先后有两位医学部学生疑似"非典"病例,被隔离治疗。4月13日,经济学院教师李梅的母亲也在北医三院被诊断为疑似"非典"病例,4月15日不幸去世。病例陆续出现,阴云向北大校园和附属医院步步逼近。

面对空前严峻的形势,4月16日晚,经教育部、北京市委批准,北大发布了第一期公告,通报相关情况,经济学院停止了集中授课。著名的"非典办"也在这一天成立,连夜拟订工作方案,办公楼202办公室从此彻夜灯明、电话不息。时任校长许智宏接受了北大新闻网记者的采访,《许智宏校长就"非典"答记者问》晚上九点半随即发布,全面、细致地介绍了学校的工作安排、工作考虑,为师生带来了一剂"定心丸",点击量迅速达到3万多次。此后,师生中又陆续出现了一些疑似病例,学校按照工作方案,及时妥善安排治疗安置,有条不紊做好隔离消毒工作。②

李梅老师和丈夫入院隔离的同时,她的女儿、北大附小六年级学生麻文天也面临独自隔离。"非典办"征求了海淀疾控的意见,决定让天天在

---

① 郝平.优化建设学科布局 促进学科交叉融合[N].光明日报,2022-02-15(13).
② 北京大学抗击SARS工作日志(2003年4月8日—6月20日)[M]//《非凡》编委会.非凡:北京大学抗击SARS纪实.北京:北京大学出版社,北京大学医学出版社,2003:57-80.

更熟悉的家中隔离观察,由校医院人员等代为协助照顾。在随后的23天里,师生共同支持、安慰和鼓励天天,和邻居、亲友一起支持她坚持生活、学习,祝福的帖子一直都在校园网热门话题的前列。①

北京大学"非典"爱心捐款活动总结会

(图片来源:北京大学档案馆、校史馆)

4月18日、26日,温家宝总理先后到北大附小、燕园主校区亲切慰问师生员工。在"非典"肆虐的日子里,他和学生共进午餐,勉励同学们"同舟共济,共渡难关"。在谈到疫情的严峻考验时,温总理坚定地说:"面对这场灾害,我们不怨天尤人,我们接受挑战。昨天我在欢迎法国总理拉法兰的仪式上,看着眼前飘扬的五星红旗,我的眼睛湿润了。我当时就想,中华民族几千年来多灾多难,但始终是压不垮的。这次的危机对我们的民族来说同样是一个考验,我们有五千年的历史,有13亿的人口,我们一定会愈挫愈勇,愈挫愈奋。我相信经历这场灾难之后,我们的人民会更加团结,我们的民族会更加坚强!"他高声地问大家:"你们对政府应付这场

---

① 非典时期:一个小学生独自生活的23个日夜[N].人民日报,2003-05-08(11).

灾难有信心吗？"师生异口同声地高呼："有信心！"①

"五一"长假取消，学生暂缓返校，校门、楼门从严管理，已返校学生甄别、隔离……北大迎来了一个特殊的105周年校庆。学校动员党员、团员积极投入和支持抗"非典"斗争，致信师生、学生家长，详细介绍情况，恳切提出建议。老师和同学们以各种方式坚持工作、学习，"放飞希望"成了校庆活动中最重要的主题之一。医学部师生在国旗下重温誓言："健康所系，性命相托"。

在这段漫长的日子里，北大附属医院系统2000多位医护人员冲在抗击"非典"的最前线，克服各种困难，与SARS病毒展开了殊死的较量，不辞辛劳、忘我工作，涌现出了许多可敬可爱的人物和可歌可泣的故事。

当时，对"非典"的认识还不全面，治疗、防护条件也都比较有限，医护人员面对着巨大的风险。由于当时没有传染病房，传染源难以阻断，北大医学人承担着常人难以想象的压力，勇敢地冲到最前面。第一医院发出"紧急动员令"以后，很快就有800多人报名参加防治"非典"预备队，报名表上写着："国难当头，匹夫有责。我们要求参加这场战斗，响应党和人民的召唤。"②北京大学人民医院接诊"非典"的医护人员义无反顾地战斗至医院被迫整体隔离。"一号病房"这个建制最短的"部门"担负了最危险的任务，全院93名员工被感染，急诊科丁秀兰医生、王晶护士英勇殉职。北京大学党委和医学部追授她们为北京大学"优秀共产党员标兵""白衣卫士"。

据统计，北京大学附属六家医院在"非典"期间扛起了首都近三分之一的救治任务，仅北京大学第一医院、北京大学人民医院和北京大学第三医院这三家综合医院诊治的确诊"非典"病人就有549例，超过中国内地累计病例总数的10%。③

---

① 温家宝三次郑重讲这八个字：同舟共济 共渡难关[EB/OL]．(2003-04-27)[2023-02-21]．https://www.chinanews.com/n/2003-04-27/26/298182.html．
② 李江涛．果敢坚毅 众志成城：北京大学师生抗击非典纪实[N]．人民日报，2003-05-08(2)．
③ 傅冬红．非典十年记[N]．北京大学校报，2013-07-05(4)．

北大科研队伍也夜以继日,投入到探明"非典"病理和治疗方法的"第二战场"。公共卫生学院专家奔赴北京各区县指挥、指导,基础医学院、药学院积极开展科技攻关,第六医院牵头启动我国第一个大型灾后心理保健服务项目。

随着抗击"非典"形势不断好转,根据北京市的部署,学校于6月1日、10日分别安排两批学生返校。1100多位学生经过健康观察,回到了正常的学习生活中去。燕园抗击"非典"的战役终于迎来了曙光。此后,学校逐渐恢复了正常的教学科研秩序,毕业、招生等工作有条不紊地进行。

北大人面对"非典"这场突如其来的灾难,向祖国人民交出了一份合格的答卷。北大新闻网学生记者朱春波和姚骏、钱江、吴敏一起给温家宝总理写信,汇报北大师生抗击"非典"的经过和成就。温总理在回信中指出,这段非凡的经历会让大家学到比平时多得多的东西,并勉励同学们记住这个真理:一个民族在灾难中失去的,必将在民族的进步中获得补偿。

九、繁荣国际交流,用心筑造桥梁

1997年,北大校园内的国际学生数量不断增加,他们和中国学生同处燕园,但交流互动却不够密切;北大的对外国际交流中,也需要学生们更加深度的参与。在当时主管北大外事处工作的郝平老师的指导下,全国高校第一个专注于国际交流事务的学生社团——北京大学学生国际交流协会(SICA)应运而生,承担起团结留学生、支持学校外事工作的重任。[①] 一批批学子走出校门、走出国门,与世界一流高校建立长期的交流合作项目,用心筑造北大与世界的桥梁。

作为后来的老牌社团、品牌社团,SICA抓住机会,组织了不少中外

---

① 北大学生国际交流协会20周年记:立足北大,放眼世界[EB/OL].(2017-09-29)[2023-02-17]. https://news.pku.edu.cn/xwzh/129-299373.htm.

学生的文化交流活动,如 2003 年 11 月的"中外学生国际之夜"。在这场晚会上,来自各国的学生纷纷献艺,展现本国文化,充分反映了北大校园的多元多彩文化。但是,学生社团的精力、资源都比较有限,不容易组织持久、广泛的活动。

2004 年 1 月,学校决定调动全校资源,将中外学生的文化交流做成有影响力的品牌和平台。在留学生办公室的指导下,"国际文化节项目组"的同学们紧锣密鼓地进行筹备,向在校留学生宣传预热,积极联系相关使领馆、企业,精心设计了展台方案,选拔了 51 名学生志愿者,和留学生反复打磨、敲定了文艺节目的内容、要求、道具、时间。①

北京大学首届国际文化节开幕式

(图片来源:北京大学档案馆、校史馆)

2004 年 4 月 24 日清晨,天安门国旗班的战士应邀专程来到北大举行了升旗仪式,五星红旗高高飘扬,同时拉开了北京大学"五四"系列活动的序幕。上午,北京大学 106 周年校庆暨首届国际文化节开幕式正式拉

---

① 忆首届国际文化节[EB/OL].(2013-10-18)[2023-02-17]. https://news.pku.edu.cn/ztrd/2013ngjwhj/4476-279100.htm.

开帷幕。时任全国政协副主席王选,全国政协副主席罗豪才,教育部副部长章新胜,韩国、阿富汗等国驻华大使和代表应邀出席,学校主要领导和来自世界各地的校友代表、各国留学生代表共同参加了开幕式。学校还设计了精美的纪念邮票,举行了邮票和首日封的发行仪式。

在首届国际文化节上,20多个国家的使节和留学生精心准备了展品和演出,在北大校园搭建的平台上展示特色文化,为燕园生活增添了许多亮丽的色彩,获得了大家的一致赞赏,为中外学生互通互识、文明交流互鉴提供了亲切鲜活的舞台。

北京大学首届国际文化节个性化邮票和纪念封首发式

(图片来源:北京大学档案馆、校史馆)

如今,北京大学国际文化节已走过近二十载光辉历程,中外青年学生在丰富多元的展台上,呈现精彩纷呈的文化,展现朝气蓬勃的活力。作为备受师生喜爱、广具社会影响的文化盛会,北大国际文化节始终以开放的胸怀、包容的理念,促进文明交流互鉴、共融沟通,成为促进中外青年心意相知、情意相通的纽带。[①]

---

① 蔡闯. 北京大学一百〇六周年校庆[N]. 光明日报,2004-04-25(2).

同样是在这一年,经国务院和教育部批准,在北京市政府的指导与支持下,由北京大学、北京市教育委员会和韩国高等教育财团联合主办了首届北京论坛。北京论坛的定位是以学术和文化为中心的世界级学术性论坛,办好这样的高端国际性学术会议,尤其是打造新的学术盛会,需要以良好的条件吸引各方面的顶级专家。此时,学校在资金筹备、国际声誉方面逐渐有了一定积累,在财团的进一步支持下,北京论坛在举办伊始就产生了强大的号召力,有条件把各国的学者、大家邀请到北京来参与盛会。

2004年首届北京论坛

(图片来源:北京大学档案馆、校史馆)

经过北京大学和北京市政府的精心策划,在韩国高等教育财团的参与和支持下,首届北京论坛开幕式于2004年8月23日在人民大会堂隆重举行。北京论坛的主题为"文明的和谐与共同繁荣",既要进行严肃而冷静的历史反思,也要为当下人类社会发展中面临的诸多现实问题提供解决思路。这个主题呼应着人类对21世纪文明发展的共同思考,得到了各方面的一致支持和高度评价。时任联合国秘书长安南在贺电中盛赞:"论坛的主题与联合国的主题和任务是统一的","越来越多的人认识到我们在共同分享一个星球,如果不能在全人类中建立真正的和谐,我们不能实现真正的和平。"①

在开幕式和大会报告中,中国著名的外交家、国务院前副总理钱其琛应邀做了题为"文明对话与新世纪的国际关系"的主旨报告;大会主旨报告人、美国华盛顿大学教授、1993年诺贝尔经济学奖得主道格拉斯·诺斯发表了题为"经济学与认知科学"的演讲;哈佛大学教授、哈佛燕京学社社长、著名汉学家杜维明和北京大学著名哲学家汤一介教授也分别做了题为"智慧的对话"和"'文明的冲突'与'文明的共存'"的主旨报告。从23日到25日的三天时间里,来自33个国家的400多位知名学者围绕着"文明的和谐与共同繁荣"的主题,就哲学、历史、教育、艺术、政治、经济、法律、中国文学、外国文学、考古学、信息传播、国际关系、经营管理和社会学等14个方面展开了深入的讨论。诸多大专院校、科研机构的领军人物和北大的有关专家学者通过分论坛、专场和高端对话等形式,深入研讨、交换成果、激发灵感。

论坛的成功举办在亚洲乃至世界产生了重大的影响。北京论坛搭建了一个倡导文明和谐的高端对话平台,梳理了一条探索文明和谐发展的理性道路,凝聚了一批致力于推动文明和谐发展的"仁人""智士"。② 通过举办首届北京论坛,北京大学学术品牌的国际影响力进一步得到提升,有力地支持了北京大学建设世界一流大学的战略。在这届北京论坛上发布的《北京宣言》郑重宣告:"为了21世纪人类文明的进步和人类社会的发展,人文社会科学有着艰巨的任务,人文社会科学学者有着神圣的责任。让我们怀着庄严的历史使命感,把力量汇聚在一道,尽心尽力,将北京论坛越办越好,以不辜负我们的历史责任。"

现在,"北京论坛"已成功举办了十九届,迄今已有来自世界70余个国家和地区的6000多位政要、社会人士和知名学者参加过这一学术盛会;2022年还首次设立了国际论坛——"北京大学—芝加哥大学联合论

---

① 郭少峰,周文翰.2004北京论坛:文明的和谐与共同繁荣[N].社会科学报,2004-09-02(3).
② 北京论坛秘书处.文明的和谐与共同繁荣:从愿景到实践[N].光明日报,2013-10-30(7).

坛:应对气候与能源的挑战"。① 北京论坛将继续立足于全球一体化持续演进的现实语境,探讨多元文明如何在互信互利的基础上展开对话与合作,在互补互鉴的过程中走向和谐繁荣,为人类社会发展提供价值引领和精神支撑。

十、在奥运会、残奥会总结表彰会上获多项荣誉

百年奥运,中华梦圆。历经两次筹办,北京成功承办2008年奥林匹克盛会。圣火在国家体育场熊熊燃烧,也牵动着亿万中华儿女自豪的心跳!

北京大学是国家体育场、北京大学体育馆(乒乓球馆)、海淀场馆群的通用志愿者主责高校,也是媒体运行、贵宾陪同及语言服务、医疗服务和兴奋剂控制、驾驶员等四类专业志愿者的来源高校,还承担了京外境外赛会志愿者的接待任务。为全世界优秀运动员、广大观众展现北京、讲好中国,是一份光荣而艰巨的任务。

学校成立了2008奥运工作委员会和北京大学奥运志愿者工作领导小组,由北大共青团组织志愿者工作,北大优秀学生党员、团员带头模范参与,选拔了一大批优秀学生志愿者。学校深入实施"'五彩奥运,微笑北大'志愿服务行动计划",大力开展志愿者招募、选拔、培训工作,营造了"参与奥运、服务奥运、奉献奥运"的浓厚氛围。2006年8月28日,奥运志愿者招募工作正式启动,北大学子热切响应、踊跃报名,以饱满的爱国热情和昂扬的精神面貌参加志愿者选拔、培训和教育活动,学校奥运志愿者报名人数达14494人。

据统计,在2008年北京奥运会期间,北大2740名赛会志愿者在39

---

① "共创人类文明的未来:信任、对话与合作"——北京论坛(2022)在钓鱼台国宾馆隆重开幕[EB/OL].(2022-11-19)[2023-02-17]. https://news.pku.edu.cn/bjlt2022/xwsd/f8e1552c38d142d189a177c3f7528374.htm.

个场馆积极服务,464名城市志愿者参与相关服务工作,派出骨干啦啦队200人次,接待境外、京外代表性志愿者326人,方正软件技术学院志愿者175人;在残奥会期间,2404名赛会志愿者在23个残奥场馆服务,453名城市志愿者参与城市志愿服务工作,接待境外、京外代表性志愿者100人,京外残联志愿者30人;52位后方支持保障志愿者为所有志愿者提供后勤服务,717人报名并成为奥运应急无偿献血保障志愿者。北大志愿者总人数达到4613名。此前,在"好运北京"体育赛事期间,还有3775人次北大志愿者在奥运场馆参与了23场赛事服务工作。①

为了以"北大标准"做好志愿服务,学校紧密结合赛事服务的实际需要,以高品质、高标准、严要求做好志愿者培训。学校开设了体育新闻学等专业课程,组织观看培训录像,举办"奥运大学堂"知识竞赛和"走进鸟巢""走进北大体育馆"系列讲座,开展了"爱心传递微笑"志愿服务行动、"国球联赛"服务体验、"院系青协日"等大量实践性培训活动,自行编写和录制了《奥运志愿者多语种常用语》等补充教材。

为了按时、优质、高效地完成各项奥运志愿者工作,学校按照"前方后方、五横五纵"的工作格局,紧密结合赛时运行时间节点和志愿服务周期特点,制定每一天的"倒排期表"和精确到分钟的"每日运行表",明确各时间点的具体任务,责任到人。按照"以竞赛为中心、以场馆为基础"和"主动对接、无缝对接"的原则,学校和志愿者亲密联系、密切交流、细致支持,为场馆与志愿者搭建起了一座沟通无障碍的桥梁。在奥组委志愿者部和北京团市委的指导下,北京大学与国家体育场运行团队密切合作,于2007年6月率先实现了"馆—校对接"机制和"业务口—院系对接"模式的制度化、规范化。北大团组织发挥思想优势和组织优势,不间断进行督导巡视,汇总问题、改善工作,协助场馆解决问题、化解难题。

为了构建团结进取、关爱互助的志愿者文化,学校为每一位志愿者拍摄微笑照片、在场馆内设置微笑墙和微笑板、为志愿者过集体生日、评选

---

① 教育部2008年第9次例行新闻发布会[EB/OL].(2008-09-25)[2023-02-17].http://www.china.com.cn/zhibo/2008-09/25/content_16527946.htm.

志愿者"微笑之星",营造了"岗前一次加油口号,岗后一支奥运歌曲,工作间歇分享经验,微笑天使人人争当"的良好氛围。学校动员全校力量,组建专门团队,全力做好志愿者的支持保障工作,切实保证志愿者服务奥运无后顾之忧。北大还接待了京外、境外赛会志愿者455人,和代表性志愿者拉手结对,在人文奥运中结下深厚友谊。

在奥运盛会期间,北大志愿者以强烈的爱国热情和使命担当,积极奉献,以主人翁的姿态和认真负责的态度做好工作、全心付出,一次次亮出北大名片、中国名片。国家体育场观众服务业务口志愿者黄文帝和费海汀在凌晨3点结束工作后又返回场馆,将一位迷路的哈萨克斯坦裁判送回酒店。国家体育场观众服务业务口志愿者陈茜用轮椅将一位老年观众从"鸟巢"一直推到北土城地铁站。在北大西门的城市志愿者服务站点,志愿者郭辉坐在轮椅上坚持为群众提供信息咨询服务。北大体育馆观众服务志愿者刘乡荫用运筹学专业知识,合理编排赛时轮岗计划、三级工作预案以及团队培训材料、工作手册。北大体育馆技术业务口志愿者利用数学模型优化路线,将成绩公报的递送效率提高了一倍。北京大学负责的三个城市志愿服务站点,也均被评为"五星级城市运行志愿服务站点"。

北大全体奥运志愿者的优秀服务,展现出这一代人爱国、自信、开放、文明的国际形象,雄辩地证明北大青年、中国青年是生逢其时、堪当大任的新时代青年,是勇挑重担、"强国有我"的未来栋梁!

新华网、中央电视台、《人民日报》《中国青年报》《北京青年报》等主流媒体多次报道北大奥运志愿者的先进事迹,一些向来挑剔的外国媒体也被"鸟巢一代"的自信、乐观所征服,被真实的中国、发展的中国和友善的中国所折服。

10月6日,北京市召开北京奥运会、残奥会总结表彰大会,对筹办工作中涌现的先进集体、五好团队、先进个人和优秀志愿者予以奖励,北京大学共有3个团队和32名个人喜获表彰。其中,北大体育馆运行团队、北京大学保卫部获"北京奥运会、残奥会先进集体"荣誉称号,北医三院运行团队获"北京奥运会、残奥会'五好团队'"荣誉称号,唐孝炎等12名个人获"北京奥运会、残奥会先进个人"荣誉称号,刘乡荫等20名师生获"北京奥运会、残奥会优秀志愿者"荣誉称号。①

10月15日,北京大学奥运志愿者工作总结表彰大会在北京大学体育馆隆重举行,对在北京奥运会、残奥会期间涌现出来的优秀志愿者予以表彰,授予在北京奥运会、残奥会志愿服务工作中表现优秀、贡献突出的杨子光等51名志愿者"北京大学奥运志愿服务金奖",授予于娟等949名志愿者"北京大学优秀奥运志愿者"荣誉称号。北大奥运志愿者及团队代表也向学校赠送了三件珍贵的礼物:温家宝总理"用热情真诚良好的服务,为国家赢得尊严和友谊"亲笔题词,志愿者用赛会期间一张一张亲手撕下的票根拼贴出的由志愿者图标、"北大2008"以及鸟巢组成的图案,完整记录奥运志愿者姓名和荣誉的"金册"与"金榜"。"金册"中完整地记录了北大3889名奥运会、残奥会志愿者以及81名赛时实习生的姓名;"金榜"中则记载着北大奥运志愿者及团队在中央、北京市等各级评优表彰中获得的巨大荣誉。

学校积极鼓励和引导奥运志愿者团队成建制地保留,成为北大青年志愿者协会的直属服务团队,继续在后奥运时代的志愿服务活动中发挥先锋和引领作用。"鸟巢"不再沸腾,心中的梦想依然火热;奥运荣誉的辉煌历史,更是对未来的强烈期许。北大的青年志愿者行动在"奥运遗产"、志愿精神的激励下一路前行,越来越多的北大学子加入志愿者的行列,为推动社会发展与文明进步做出北大贡献。

---

① 喜报:北大在北京市奥运会、残奥会总结表彰大会上获多项荣誉[EB/OL]. (2008-10-13)[2023-02-17]. https://news.pku.edu.cn/xwzh/129-129934.htm.

第六章

新时代迈向世界一流的新篇章
（2012年至今）

一、习近平总书记对北大的亲切关怀

党的十八大以来,习近平总书记两次到北京大学视察并亲自主持召开师生座谈会,七次给北大师生校友回信、致贺信,为北大加快创建中国特色世界一流大学指明了方向,提出了明确的办学指导思想。北大在新时代取得的工作成效,根本在于以习近平同志为核心的党中央坚强领导,根本在于习近平新时代中国特色社会主义思想科学指引。习近平总书记在北大作出的"扎根中国大地办大学"、建设"第一个北大"、抓好"三项基础性工作"等一系列重要论述,是对高等教育规律的深刻洞察,是北大发展的总纲领总遵循。北京大学全面把握、融会贯通、坚决落实,深入领会教育是国之大计、党之大计的战略定位,旗帜鲜明讲政治,充分认识党中央抓高等教育的深刻政治考量和深远战略眼光,把总书记的殷切期盼转化为干事创业的强大动力,全面深入贯彻落实习近平总书记重要讲话、重要指示批示精神和党中央关于高等教育的决策部署,在思想上政治上行动上同以习近平同志为核心的党中央保持高度一致。

(一)习近平总书记两次莅临北大考察,发表重要讲话

2014年5月4日,五四运动95周年之际,习近平总书记在党的十八大后第一次到北大考察,亲自主持召开师生座谈会并发表重要讲话,代表党中央向全国各族青年致以节日问候,向全国广大教育工作者和青年工

初心与追梦：建设世界一流大学的北大印记

作者致以崇高敬意。①

习近平总书记强调，核心价值观承载着一个民族、一个国家的精神追求，是最持久、最深层的力量。广大青年要从现在做起，从自己做起，勤学、修德、明辨、笃实，使社会主义核心价值观成为自己的基本遵循，并身体力行大力将其推广到全社会去，努力在实现中国梦的伟大实践中创造自己的精彩人生。

习近平总书记指出，党中央作出了建设世界一流大学的战略决策，我们要朝着这个目标坚定不移前进，不断深化教育体制改革。办好中国的世界一流大学，必须有中国特色。我们要认真吸收世界上先进的办学治学经验，更要遵循教育规律，扎根中国大地办大学。总书记还特别希望北京大学通过埋头苦干和改革创新，早日实现几代北大人创建世界一流大学的梦想。

2018年5月2日，在五四青年节和北京大学建校120周年校庆日即将来临之际，习近平总书记再次来到北京大学考察，发表重要讲话，全面系统论述了建设中国特色世界一流大学的重大理论和实践问题。②

习近平总书记指出，近年来，北大继承光荣传统，坚持社会主义办学方向，立德树人成果丰硕，"双一流"建设成效显著，服务经济社会发展成绩突出，学校发展思路清晰，办学实力和影响力显著增强，令人欣慰。

总书记强调，坚持好、发展好中国特色社会主义，把我国建设成为社会主义现代化强国，是一项长期任务，需要一代又一代人接续奋斗。广大青年要成为实现中华民族伟大复兴的生力军，肩负起国家和民族的希望。高校要牢牢抓住培养社会主义建设者和接班人这个根本任务，坚持办学正确政治方向，建设高素质教师队伍，形成高水平人才培养体系，努力建设中国特色世界一流大学。

总书记要求，办出中国特色世界一流大学、培养社会主义合格建设者

---

① 习近平.青年要自觉践行社会主义核心价值观：在北京大学师生座谈会上的讲话[N].人民日报，2014-05-05(2).
② 习近平.在北京大学师生座谈会上的讲话[N].人民日报，2018-05-03(2).

和接班人，要抓好三项基础性工作。第一，坚持办学正确政治方向。世界一流大学都是在服务自己国家发展中成长起来的，我国社会主义教育就是要培养社会主义建设者和接班人。第二，建设高素质教师队伍。建设政治素质过硬、业务能力精湛、育人水平高超的高素质教师队伍是大学建设的基础性工作，评价教师队伍素质的第一标准应该是师德师风，要引导教师把教书育人和自我修养结合起来，做到以德立身、以德立学、以德施教。第三，形成高水平人才培养体系。人才培养体系涉及学科体系、教学体系、教材体系、管理体系等，而贯通其中的是思想政治工作体系。加强党的领导和党的建设，加强思想政治工作体系建设，是形成高水平人才培养体系的重要内容。要坚持党对高校的领导，坚持社会主义办学方向，把我们的特色和优势有效转化为培养社会主义建设者和接班人的能力。

总书记强调，当代青年是同新时代共同前进的一代。每一个青年都应该成为社会主义建设者和接班人，不辱时代使命，不负人民期望。广大青年要爱国，忠于祖国，忠于人民；要励志，立鸿鹄志，做奋斗者；要求真，求真学问，练真本领；要力行，知行合一，做实干家。要以社会主义建设者和接班人的使命担当，为全面建成小康社会、全面建设社会主义现代化强国而努力奋斗，让中华民族伟大复兴在我们的奋斗中梦想成真！

党的十八大以来，习近平总书记两次到北京大学视察，并高度肯定北大办学治校的成绩，是对北大全体党员、干部和师生员工的极大鼓舞与鞭策，总书记在北大发表的一系列重要论述是北大扎根中国大地，培养时代新人，加快建设中国特色世界一流大学极为重要的指导思想和根本遵循，是北大改革创新、迈出高质量发展步伐的总纲领。

(二)习近平总书记给北大师生和校友的7次回信及贺信

1.给北京大学考古文博学院2009级本科团支部全体同学的回信(2013年5月2日)

北京大学考古文博学院2009级本科团支部全体同学：

　　来信收悉。得知你们近一年来不仅校园学习取得新的进步，而且在野外考古实习中很有收获，甚为欣慰。从字里行间，我感受到了你们立志为实现中华民族伟大复兴的中国梦而奋斗的决心和信心。

　　你们在信中写到，中国梦让你们感受到了一份同心奋进的深沉力量，让你们更加懂得了当代青年所肩负的历史责任。说得很好。中国梦是国家的梦、民族的梦，也是包括广大青年在内的每个中国人的梦。"得其大者可以兼其小。"只有把人生理想融入国家和民族的事业中，才能最终成就一番事业。希望你们珍惜韶华、奋发有为，勇做走在时代前面的奋进者、开拓者、奉献者，努力使自己成为祖国建设的有用之才、栋梁之材，为实现中国梦奉献智慧和力量。

　　五四青年节即将来临，我向你们致以节日的问候。

习近平
2013 年 5 月 2 日

2. 给南南合作与发展学院首届硕士毕业生回信（2017 年 10 月 11 日）

南南合作与发展学院首届硕士毕业生：

　　你们好！来信收悉。得知你们圆满完成学业、成为南南合作与发展学院的首届毕业生，而且学有所思、学有所获，我感到十分高兴。

　　你们在信中表示，促进公平、包容、可持续发展是大家的共同心愿。这正是中国倡导建立南南学院的初衷。南南合作是发展中国家联合自强、应对挑战的伟大事业。中国将发挥好南南学院的平台作用，推动开展南南合作，促进广大发展中国家共同走上发展繁荣之路。

　　作为首届毕业生，你们满载荣耀，使命光荣。希望你们坚持学习、学以致用，行远升高、积厚成器，努力探索符合本国国情的可持续发展道路，成为各自国家改革发展的领导者。希望你们珍惜同各位老师、同学、朋友在中国结下的情谊，书写你们国家同中国友好合作新篇章，成为全球南南合作的践行者。

请代我向你们的家人问好，欢迎有机会再回中国来！

中华人民共和国主席习近平

2017 年 10 月 11 日

3.给参加"一带一路"青年创意与遗产论坛的青年代表回信（2018 年 8 月 28 日）

国家主席习近平 8 月 28 日给参加"一带一路"青年创意与遗产论坛的青年代表回信，强调青年是国家的未来，勉励他们为构建人类命运共同体作出自己的努力。

习近平指出，我提出"一带一路"倡议五年来，在各方共同努力下，共建"一带一路"从理念转化为行动，从愿景转变为现实，取得了丰硕成果。这些成果的取得离不开各国青年积极响应和热情参与。

习近平强调，共建"一带一路"为中非合作注入了强劲动力。今年 9 月，2018 年中非合作论坛北京峰会即将召开。我将同非方领导人共商新形势下中非友好合作发展大计。青年是国家的未来，中非青年是中非友好的未来。希望你们加强文化交流、心灵沟通，继续关注并积极参与共建"一带一路"，支持中非团结合作，同 26 亿中非人民一道，为传承中非传统友谊做出贡献，为携手打造更加紧密的中非命运共同体、构建人类命运共同体作出自己的努力。

"一带一路"青年创意与遗产论坛于今年 5 月在长沙和南京举办。来自 51 个国家的 73 名青年代表参加了论坛。来自埃塞俄比亚的汉娜·格塔丘等同学在来信中向习近平主席汇报了自己参加论坛的感悟，并就"一带一路"建设、中非合作、中非青年交流等提出了看法和建议。

（回信全文未公开，以上内容为新华社北京 2018 年 8 月 29 日相关报道。）

4. 给在首钢医院实习的西藏大学医学院学生的回信（2020年2月21日）

西藏大学医学院2015级临床医学专业的同学们：

你们好！来信收到了，得知你们17名同学在北京进行临床实习期间，既锻炼了临床基本功，也坚定了献身西藏医疗卫生事业的信念，我很欣慰。

医生是人民健康的守护者。在这次新冠肺炎疫情防控斗争中，军地广大医务工作者冲锋在前、英勇奋战，用行动诠释了白衣天使救死扶伤的崇高精神。我相信，你们一定会以他们为榜样，努力做党和人民信赖的好医生。希望你们珍惜学习时光，练就过硬本领，毕业后到人民最需要的地方去，以仁心仁术造福人民特别是基层群众。

藏历新年就要到了，我向你们以及藏区各族群众致以节日的问候和美好的祝愿！

习近平

2020年2月21日

5. 给北京大学援鄂医疗队全体"90后"党员的回信（2020年3月15日）

北京大学援鄂医疗队全体"90后"党员：

来信收悉。在新冠肺炎疫情防控斗争中，你们青年人同在一线英勇奋战的广大疫情防控人员一道，不畏艰险、冲锋在前、舍生忘死，彰显了青春的蓬勃力量，交出了合格答卷。广大青年用行动证明，新时代的中国青年是好样的，是堪当大任的！我向你们、向奋斗在疫情防控各条战线上的广大青年，致以诚挚的问候！

青年一代有理想、有本领、有担当，国家就有前途，民族就有希望。希望你们努力在为人民服务中茁壮成长、在艰苦奋斗中砥砺意志品质、在实践中增长工作本领，继续在救死扶伤的岗位上拼搏奋战,带动广大青年不惧风雨、勇挑重担,让青春在党和人民最需要的地方绽放绚丽之花。

习近平
2020 年 3 月 15 日

6. 给北京大学的留学生们的回信(2021 年 6 月 21 日)

北京大学的留学生们:

你们好!来信收悉。你们主动了解中国国情和中国共产党历史,这对了解中国的过去、现在、将来十分有益。

读懂今天的中国,必须读懂中国共产党。你们提到中国共产党致力于发展经济、消除贫困,积极援助其他国家抗击新冠肺炎疫情。中国共产党做这些事情,是因为中国共产党是为中国人民谋幸福的政党,也是为促进人类进步事业而奋斗的政党。中国有句俗语:百闻不如一见。欢迎你们多到中国各地走走看看,更加深入地了解真实的中国,同时把你们的想法和体会介绍给更多的人,为促进各国人民民心相通发挥积极作用。

中共中央总书记 国家主席 习近平
2021 年 6 月 21 日

7. 向南南合作援助基金和南南合作与发展学院成立 5 周年致贺信(2021 年 7 月 8 日)

7 月 8 日,国家主席习近平向南南合作援助基金和南南合作与发展学院成立 5 周年致贺信。

习近平指出,5 年来,南南合作援助基金积极支持发展中国家落实 2030 年可持续发展议程、应对人道危机、实现减贫和发展,南南合作与发展学院致力于分享中国和发展中国家治国理政经验,为广大发展中国家培养政府管理高端人才。基金和学院为推进南南合作发挥了重要作用。

习近平强调,中国愿同广大发展中国家一道,进一步释放南南合作潜力,共享发展机遇。希望南南合作援助基金继续帮助发展中国家实现可持续发展,南南合作与发展学院继续建好发展中国家高端人才培养基地和研究交流平台,为推动构建人类命运共同体作出更大贡献。

南南合作援助基金和南南合作与发展学院5周年纪念活动当日在北京举行,由国家国际发展合作署和商务部共同举办。

(贺信全文未公开,以上内容为新华社北京 2021 年 7 月 8 日相关报道。)

二、当好教育综合改革的先锋队

2012 年以来,北京大学深入学习贯彻党的十八大及十八届三中、四中全会和习近平总书记系列讲话精神,进一步形成了全面深化学校综合改革的总体思路。2013 年 11 月,北京大学和清华大学主动请缨承担高等学校综合改革试点任务,力争在教育领域综合改革中先试先行、示范引领。2014 年年初,教育部听取了北大、清华关于综合改革思路和初步方案的汇报,表示全力支持并提出了意见和建议。随后,北大成立综合改革领导小组及《北京大学综合改革方案》制定工作小组,通过职能部门调研、专家学者论证、师生代表座谈、分管领导对话,牢牢抓住改革的重点领域和关键环节,问诊把脉、攻坚克难,认真剖析、提出对策,并逐步突破部门框架,增强了方案的综合性和可执行力。

2014 年 7 月,国家教育体制改革领导小组第十一次会议,原则同意"两校一市"(包括上海市)的综合改革方案。8—11 月,北大就方案文本先后两次在校内广泛深入征求意见。11 月 19 日,经校务委员会、全校干部大会、学校教职工代表大会执委会讨论,经校长办公会、党委常委会、党委第六次全体会议审议通过的《北京大学综合改革方案》,按程序上报国家教育体制改革领导小组办公室。12月1日,国家教育体制改革领导小组办公室下发《关于同意〈北京大学综合改革方案〉备案的函》,正式批准《北京大学综合改革方案》全面组织实施。

根据《北京大学综合改革方案》,北京大学的综合改革以立德树人为根本,以人才培养模式改革为核心,通过教学、科学研究、社会服务等大学职能的内涵提升和创新实践,带动学校人事管理制度、资源配置方式和党政管理体制的改革,并在政府、社会的支持下,逐步建成中国特色现代大学制度和治理体系。北大全面深化综合改革的思路主要有五点:有利于更好地落实党和人民赋予北大的办学使命和时代责任;以社会主义核心价值观为指引,紧紧围绕立德树人这一根本、提高质量这一核心来进行;以体制机制改革和制度建设创新为关键着力点,以实现治理结构和治理能力现代化为总目标;借鉴世界上先进的办学治学经验,总结和弘扬中华民族优秀的教育传统以及北京大学的办学传统,注意探索和遵循教育规律;有利于解决发展中遇到的深层次矛盾和问题,破解瓶颈和难题,实现北大又好又快发展。

在综合改革进程中,北京大学深入学习贯彻习近平总书记关于教育的重要论述和指示批示精神,增强"四个意识",坚定"四个自信",做到"两个维护",始终把加强和改进党对高校的全面领导作为综合改革的根本保障和关键环节,不断推进党建和思想政治工作向纵深发展。始终坚持办学正确政治方向,坚持马克思主义指导地位,坚持为党育人、为国育才,牢牢扎根中国大地,把党建作为办学治校基本功,把思想政治工作作为生命线,把立德树人作为检验学校综合改革成效的根本标准,把教育评价改革作为指挥棒,把建设高素质教师队伍作为基础工作,着力增强改革的系统性、整体性、协同性和参与度,扎实推进教育教学、人事体制、学科建设、治理体系、资源配置等重点领域改革,并把制度建设贯穿其中,坚决破除一切妨碍科学发展的思想观念和体制机制弊端,有效调动师生和院系的积极性和创造性,使师生员工把主要精力汇聚到"培养社会主义建设者和接班人"的根本使命上来,为加快教育现代化、建设高等教育强国、办好中国特色世界一流大学提供示范引领。

2020年,北京大学向教育部提交了《北京大学关于全面深化综合改革的五年工作总结》并得到了高度评价:北京大学高度重视综合改革工作,始终坚持以习近平新时代中国特色社会主义思想为指导,将党的领导贯穿办学治校全过程,坚持办学正确政治方向,立足中国大地,遵循教育规律,在新形势新要求下,自觉围绕培养什么人、怎样培养人、为谁培养人这一根本问题,积极努力探索推进综合改革,切实加强综合改革组织领导和推进机制创新,注重加强系统谋划,认真研制和落实综合改革方案,有效调动各方面积极性和创造性,全面推进教育教学、人事体制、学术体系、治理能力、资源配置改革,坚决破除妨碍学校发展的思想观念和体制机制弊端,既大力突出中国特色,又持续提升国际影响力,在守正创新人才培养方式、强化师德师风建设、促进学科交叉融合、推动医学教育改革、打造"品质校园"、服务国家战略等方面取得了很好的经验成效,总体实现了综合改革方案确定的目标任务,不少工作走在了全国高校的前列,党对学校工作的全面领导和党的建设、思想政治工作持续加强,办学水平、社会影响和国际声誉显著提升,为构建中国特色世界一流大学高质量发展的路径进行了有效探索、做出了应有贡献。

三、学科建设的创新布局

当前,新一轮科技革命和产业变革突飞猛进,科学研究范式正在发生深刻变革。北京大学充分发挥基础研究深厚、学科交叉融合的优势,不断优化学科布局,建设国家战略科技力量,助力高水平科技自立自强,建构中国自主的知识体系,努力成为基础研究的主力军和重大科技突破的生力军,发挥了重要的创新策源地作用。

(一)健全学术治理和学科建设体制机制

修订学术委员会章程,加强学术委员会建设。完善学科建设委员会及其子委员会工作机制,进一步发挥其对学校学科建设相关事项的咨询议事作用。建立学部办公机构,加强学部在学术治理、学科建设等工作中的协调职能。加强学术机构管理,制定《北京大学实体研究机构管理办法(试行)》和虚体研究机构管理的规章制度,修订《北京大学人文社会科学研究机构管理办法》。推进学术评价体系改革,制定《关于进一步改革和完善我校学术评价体系的意见》,积极推进院系国际同行评估、教学科研单位发展状况绩效评估等多形式、多层次的校内评估。

(二)进一步优化学科布局

坚持推动基础学科与应用学科协调发展,在首轮"双一流"建设中,把62%的中央专项经费投向基础学科,使全校学科布局更加均衡、完整,形成了依托理学、信息与工程科学、人文学科、社会科学、经济与管理、医学六大学部和深圳研究生院的学科布局战略。调整优化学科结构,做大做强传统优势学科,按需支持前沿基础学科,大力支持面向国家需求的新兴交叉学科。

理工医科方面,重点布局了量子材料、新型碳基材料、生物医学成像、基因组学、纳光电子、人工智能、能源、大数据科学等前沿领域。适应国家战略发展需要,不断加大新工科建设力度,制定《北京大学新工科建设规划》,确立"以科学促工程"的建设路径,完成信息科学技术学院重组,成立集成电路学院、计算机学院、电子学院、智能学院,以及材料科学与工程学院、未来技术学院等新机构。不断加强新医科建设,完善医学学科体系,提出"临床医学+X"战略,搭建校本部、医学部、各附属医院的医学交叉平台,成立"北京分子科学国家研究中心""国家皮肤与免疫系统疾病临床医学研究中心""国家血液系统疾病临床医学研究中心""转化医学与临床研究国际联合研究中心""国家创伤医学中心""国家口腔医学中心"等一批科技创新中心,进一步整合附属医院资源,引领医学的整体发展。

人文社科方面,坚持以马克思主义为指导,加快构建中国特色哲学社会科学体系。加强习近平新时代中国特色社会主义思想研究院、人文社会科学研究院、区域与国别研究院等重大学术平台建设,初步建成新型智库体系。依托于马克思主义学院、习近平新时代中国特色社会主义思想研究院、政府管理学院等单位创办《国家现代化建设研究》学术期刊,刊载新时代中国特色社会主义现代化国家建设的重大理论和实践问题研究成果;创办《当代中国马克思主义研究》期刊,推动谱写马克思主义中国化时代化新篇章。不断推进《马藏》"新时代中国特色社会主义理论与实践研究丛书""习近平新时代中国特色社会主义思想文库"等重大项目建设,目前已经出版《马克思恩格斯经典文本研究前沿》《觉醒与超越:中国共产党与中国式现代化》《新局:青年学者共论国家治理》《新时代中国政治学学术发展》《中国特色社会主义政治经济学史纲》《中国特色社会主义政治经济学历史与理论》《经济学理论与中国式现代化》等一系列著作。

做强传统优势学科,推动中华优秀传统文化创造性转化、创新性发展,以数字人文等领域为重点,推进新文科建设。建设人文社会科学研究院、现代中国人文研究所、文学讲习所等机构,大力推进《儒藏》编纂与研究工程、古文字与中华文明传承发展工程等重大基础性学术工程,推出北京大学人文学科文库、中华文明国家文物基因库、中华文明传播史、北大中国史、比较经济史、中华人民共和国经济史、政治通鉴、语言接触与族群演化专项、丝绸之路重大考古发掘与丝路文明传承、"海上丝绸之路与郑和下西洋"及其沿线地区的历史和文化研究、亚洲文明研究等重大项目,进一步推进国家发展研究院、新结构经济学研究院、国家治理研究院、国际战略研究院、首都发展研究院等机构建设,形成了一批具有北大特色、理论深度和政策影响力的高水平智库成果,积极探索构建中国自主的知识体系。

(三)深入推进学科交叉融合

依托学科综合优势,推动学科深度融合。以理学、信息与工程、人文、社会科学、经济与管理、医学等 6 个综合交叉学科群培育新的学科增长点,加强战略性、全局性、前瞻性问题研究,着力提升解决重大问题能力和原始创新能力。布局和建设以"临床医学＋X""区域与国别研究"为代表的前沿和交叉学科领域，推进学校的学科布局整体调整；通过人才引进、集群聘任、项目引导、通识课程设置等措施，吸引和培养一批真正有兴趣的学者主动进行学术转向，逐步带动学科结构、机构的调整与设置。

北大在理工医科方面成立了应用物理与技术研究中心、前沿计算研究中心、生态研究中心、北京天然气水合物国际研究中心、人工智能研究院、碳基电子学研究中心、能源研究院、国家生物医学成像科学中心（筹）、科技创新研究院、北京大学健康医疗大数据国家研究院、精准医疗多组学研究中心、跨学部生物医学工程系、北京大学—云南白药国际医学研究中心等跨学科研究机构，聚集了若干世界水平优秀团队；牵头或参与建设了多模态跨尺度生物医学成像国家重大科技基础设施、北京激光加速创新中心、轻元素量子材料交叉平台等一批科技设施平台。智慧医疗工程与技术、人工智能、分子光谱学三个学科入选北京高校高精尖学科，建设了未来基因诊断、工程科学与新兴技术两个北京市高精尖创新中心。

以学科交叉的方式推动数字时代人文社科发展。近年来，北大针对人工智能、大数据、云计算、物联网、科技伦理、全球公共健康危机等带来的挑战探索新理论、新方法、新路径，积极研究推动社会变化的前沿理论问题，成立哲学与人类未来研究中心、法律与人工智能研究中心、计算社会科学研究中心、科学文化研究院、数字治理研究中心、数字人文研究中心等平台，在新文科建设上做出不懈努力，不断开辟新路径。

（四）不断完善学科评估机制

建立健全考核评价机制，突出绩效导向，将院系年度"双一流"建设进展同院系发展绩效考核挂钩。构建基于学科特色多元化学科评价方式。加强学科文化建设，引导学科避免片面使用 SCI 论文、ESI 排名等指标衡量学科建设成效和影响力。加强过程管理，及时跟踪指导并动态调整。

推进理工科院系和新体制中心国际同行评议,已基本实现全覆盖。探索中国特色的人文社科和医学学科评估机制,开展部分医学学科、经济管理学科国际评估,绝大多数参评院系与学科得到高影响力国际同行专家的认可,提升了学科国际影响力。高质量完成"双一流"动态监测指标填报工作,对学校和各学科的建设数据进行全面梳理,积累各学科发展数据,及时监测学科状态,构建定期定时、精确深入的分析机制。

四、创新教育教学模式,培养时代新人

北京大学确立"德才均备、体魄健全"的人才培养目标,把立德树人、提高质量贯穿教育教学改革的全过程,构建符合中国国情、具有世界一流水准的人才培养体系,全面提高人才自主培养质量。

(一)把思想政治教育贯穿学生培养全过程

完善思政工作体系,制订《北京大学思想政治理论课创优行动工作方案》,修订《思政课教学管理办法》,推动"思政课程"与"课程思政"协调发展、同向发力。设置"习近平新时代中国特色社会主义思想概论""中国概况""中国政治与法治体系""中国文化""中国国情"以及"北大传统与北大文化"等一系列课程,增强学生对中国特色社会主义的政治认同、思想认同、情感认同。用好社会大课堂,讲好"大思政课",构建北大思政实践课程模式,建设286个思政实践课教育基地。打造研究生新生骨干"1000+"领航培养计划、力行计划,大力加强研究生思想政治教育。建设马克思主义理论本科专业和"大钊班"本科项目,完善马克思主义理论人才培养体系,着力培养具有坚定政治信仰和深厚学术素养的青年马克思主义者。

(二)坚持"以本为本",打造高水平本科教育

坚持"加强基础、促进交叉、尊重选择、卓越教学"的教育理念,制定

《北京大学本科教育综合改革指导意见》,通过"本科教学质量提升年"等行动,不断提高本科教育质量,努力使学生获得最好的学习和成长体验。

坚持以基础促育人,实施基础学科拔尖人才培养试验计划和"强基计划",下大力气做好"数学英才班""物理卓越班"等拔尖人才培养计划,建设19个基础学科拔尖学生培养基地,加大基础学科人才培养力度。

坚持建课程促教学,深化元培教学改革,建立与完善了通识教育体系,大力建设精品视频课、通识核心课、小班研讨课等优质课程;重新梳理凝练专业核心课程,设立"荣誉课程"。

坚持以专业促培养,发挥综合性大学优势,共开设36个双学位、57个辅修专业、7个跨学科专业、6个跨学科项目,建设26个国家特色专业,其中1个入选"卓越法治人才"计划专业、1个入选"卓越医生"计划专业、6个入选基础学科拔尖学生人才教育培养计划、10个国家级实验教学示范中心、25个省部级优势专业。

改革教学方式方法,通过研讨型教学、小班课、翻转课堂、导师指导等多种方式,激发学生学习主体性,每学年开设小班研讨课近200门次。鼓励本科生参与科研,每年约500项本科科研课题立项和结题。完善教学质量监控体系,建设专职教学质量监控队伍,出台《北京大学本科课程教学质量评估实施方案》。设立教学成就奖、教学卓越奖、教学优秀奖等系列奖项,激励和规范教师对教学工作的投入。

(三)坚持以提高质量为核心,深入开展研究生教育综合改革

以"稳定规模、调整结构、分类培养、提高质量"为原则,支持重点发展学科、重大科研项目、重点人才队伍的建设,通过国际交流、创新计划、联合培养、实习基地、品牌课程等多种培养模式,推动研究生教育向更高水平发展。

强化全过程育人体系建设,落实导师立德树人职责,规范导师指导行为。推动学术型与专业型研究生分类管理,建立适合专业学位的质量评价和保障体系。改革博士研究生资助体系,通过设置"博士生岗位奖学金"体系等方式,促进资源合理配置,结构有序调整,重点进行基础学科和交叉学科的学科结构、硕士生和博士生层次结构、学术型和专业型类型结构的优化调整。全面实施博士研究生招生"申请—考核制"。

以培养研究生创新能力为目标,改革博士生导师遴选聘任办法、研究生课程成绩和论文评价方式,制定和修订《北京大学研究生基本学术规范》《北京大学研究生学籍管理办法》《北京大学博士研究生培养管理办法》等系列文件,增加学术训练和论文写作必修课要求,将论文发表要求调整为建立符合学科特点的创新成果综合评价体系。

持续实施"研究生教育创新计划",形成资源共享、学科交叉、国际化特色的综合培养平台。设立"全球视野研究生学术交流支持计划",探索和开展"一带一路"博士生暑期国际调研团等新模式。试点临床/口腔医学专业学位博士研究生"5+3+3"培养模式,促进医教协同发展。

响应国家学位授权审核制度改革,提升学位授权自主能力建设,制定《北京大学学位授权审核实施办法》,完善一级学科、二级学科和专业学位类别的设置办法和工作机制,新增"国家安全战略与管理""应急管理""医学技术""材料科学与工程""农林经济与管理""集成电路科学与工程""人工智能"等学位授权点。

五、深化师资人事制度改革,打造高素质教师队伍

坚持人才强校,是北大发展的基本战略。2021年9月,中央人才工作会议召开,习近平总书记出席会议并发表重要讲话,对新时代人才工作作出一系列重大部署。北京大学坚持"四个面向",深入实施新时代人才强校战略,把2021年确定为学校的"人才战略年",召开全校人才工作会议,出台《北京大学深入实施新时代人才强校战略的若干措施》,持续加强世界一流师资队伍建设。

(一)坚持党管人才,健全人才工作体制机制

全面构建党委领导"大格局"。调整学校人才工作领导小组,由党委书记、校长任双组长,充分发挥领导小组在聚焦国家人才战略需求、谋划学校人才事业发展、组织实施重大人才工程、统筹全校人才队伍建设方面的领导作用。建立人才工作领导小组办公室,主任由党委组织部部长、人事部部长共同担任,配合学校党委推动新时期人才工作各项决策部署落地执行。修订《北京大学基层党组织书记抓基层党建工作述职评议考核实施办法》,将院系人才工作纳入考核指标体系,建立院系人才工作目标责任制度,推动基层人才工作对标对表,见绩见效。

(二)构建师德师风建设长效机制

进一步加强党对教师工作的领导,成立党委教师工作委员会、北京大学师德专题教育领导小组和工作小组,研究审议学校教师思想政治和师德师风建设工作重大事项,指导相关部门开展工作。2016年成立国内高校首个党委教师工作部,建立专兼职结合的教师思想政治工作队伍。各院系成立由党政主要负责人担任组长的师德专题教育小组,组建二级单位师德专题教育队伍,突出明师德要求、强"四史"教育、学师德楷模、遵师德规范、守师德底线,注重融入日常、抓在经常,系统组织、分类指导。学校在全校青年骨干教师培训、新任教职工岗前培训、新进站博士后岗前培训、青年人才国情研修等培训工作中,加强师德师风和学术道德教育。

党的十八大以来,北大教师发扬优良传统,涌现了一批以德立身、以德立学、以德施教的教师楷模:环境科学与工程学院张远航院士领衔的"环境科学与工程教师团队"、外国语学院段晴教授领衔的"东方语言文化教师团队"分别入选第一、二批"全国高校黄大年式教师团队",物理学院龚旗煌院士领衔的"极端光学创新研究团队"荣获"全国专业技术人才先

进集体"称号,环境科学与工程学院倪晋仁院士荣获"北京市人民教师奖"称号。

(三)全面推进预聘—长聘制改革和教师分系列管理

2005年,北大进一步探索人才体制机制改革,设立了"优秀青年人才引进计划"。由于初期目标是引进一百名优秀人才,因此也称为"百人计划"。在计划启动实施时,"百人计划"是一个以人才引进为主要目标的人才计划,2009年对首批引进的人才进行中期评估,2012年对首批引进的人才进行了长聘职位评估。"百人计划"早期是以引进人才为主,后来逐步发展为引进、培养、选拔和使用为一体,并成为北京大学全方位培养扶持和筛选选拔优秀拔尖青年人才队伍的重要项目。在人才引进和长聘职位晋升评估的探索中,学校借鉴吸收世界一流大学的成功做法,在程序和要求上借鉴tenure-track制度的核心理念,在薪酬待遇、人才培养上也给予充分的支持。

经过多年试点并结合学校实际情况,北大自2014年开始全面实施以预聘—长聘制为核心的教学科研职位分系列管理制度,按照教学科研并重、教学为主和研究技术为主三个不同系列对教师队伍进行管理,同时根据各系列岗位特点分别建立和实施不同的招聘聘任、考核评价和薪酬体系。

北大通过对教学科研职位的分系列管理,尊重教师职业成长规律,强调职业发展的动态性和能动性,合理定位个人职业发展,充分实现学校事业发展与教师个人职业发展的有机结合,促进教学科研人才队伍发展更加精细化、科学化、人性化。

人事制度改革有力促进了教学科研队伍建设,学校人才规模不断扩大、结构持续优化。2017年以来,北京大学新增两院院士14人;共引进700多名教学科研人才,其中青年人才占比达90%以上,海外人才占比达70%。截至2022年年底,全校共有3587名教学科研人员(含医学部),约1200人入选各类高端人才计划,人才优势得到巩固,有力服务世界重要人才中心和创新高地建设。

在管理服务和保障队伍建设方面,根据按需设岗、公开聘用、明确职责、绩效激励的原则,打造精干高效的行政和技术支撑人员队伍;制定《关于完善现代学术支撑保障体系 加强学术辅助人员队伍建设的若干意见(试行)》《北京大学加强理工科专职研究人员队伍建设试点方案》,支持部分试点机构聘用劳动合同制的专职研究人员;加强实验技术队伍建设,修订《北京大学实验技术人员专业技术职务评审规定》,明确实验技术人员岗位职责和激励机制。

六、坚持"四个面向",加强有组织的科研

党的二十大报告中提出,教育、科技、人才是全面建设社会主义现代化国家的基础性、战略性支撑,要深入实施科教兴国战略、人才强国战略、创新驱动发展战略,开辟发展新领域新赛道,不断塑造发展新动能新优势。这一论述对我国高等教育,尤其是高水平研究型大学提出了新目标新要求。

高校作为科技第一生产力、人才第一资源、创新第一动力的重要结合点,要主动成为教育、科技、人才一体化发展的排头兵、领头羊和战略先锋力量。① 近年来,北京大学主动担负起引领高水平研究型大学建设和增强国家战略科技力量的光荣任务,坚持面向世界科技前沿、面向经济主战场、面向国家重大需求、面向人民生命健康,加强有组织的科学研究,强化重点领域集中攻关,增强"从0到1"的原始创新能力,推动高校向着系统性的"大科学"研究模式转型,助力我国科技创新的跨越式发展,为中国式现代化提供源源不断的科技和创新动能。

通过建立健全有组织的科研攻关机制,北京大学近年来取得一系列

---

① 龚旗煌.聚焦科教兴国使命 践行高校时代担当[N].学习时报,2022-12-21(1).

突破性成果。五年来,学校获批国家重点研发计划重点专项项目134项、国家自然科学基金项目3497项、国家社科基金项目342项,作为第一完成单位获得国家科学技术奖18项(其中技术发明奖一等奖2项)。在国家"十三五"科技创新成就展中,北大有20余项成果入选,涵盖基础研究、高新技术、人民健康、社会发展等多个方面,高质量支持我国重大战略和经济社会发展需求。在第八届高等学校科学研究优秀成果奖(人文社会科学)评选中,北大共有103项成果获奖,获奖总数、一等奖、二等奖和青年成果奖数量均位列高校第一;在北京市第十四届哲学社会科学优秀成果奖评选中,北大有27项成果获奖,获奖总数位居首位。

有组织开展高水平基础研究。北京大学注重从当前经济社会发展和国家安全所面临的实际问题中凝练重大前沿科学问题,力求攻破关键领域技术背后的基本理论和底层原理,为我国未来产业发展和经济增长提供原始驱动力。

在理工医科方面,学校重点布局了人工智能、量子材料、新型碳材料、生物医学成像、基因测序、纳光电子、严重影响人类健康的危急重症、疑难病症及慢性病综合防控等若干基础和前沿技术研究领域。以云—端融合系统的资源反射机制及高效互操作技术、数字视频编解码、原子钟、碳基集成电路、新结构微纳电子器件、国产自主中央处理器、爆轰发动机、未来基因诊断、微型双光子显微成像、激光加速器、新一代干细胞技术、血液病治疗"北京方案"、急性肾衰竭临床防治等为代表的重大原始创新成果和颠覆性技术不断涌现。

在人文社科领域,着力加快构建中国特色的哲学社会科学体系,不断推动马克思主义理论等学科发展。大力推进《马藏》编纂与研究工程,编译《马克思主义历史考证大辞典》(第一、二卷);大力支持《儒藏》编纂与研究工程、古文字与中华文明传承发展工程、中华文明国家文物基因库、中华文明传播史、北大中国史、中华人民共和国经济史、比较经济史、《政治通鉴》、人文学科文库等重大基础性研究,不断产生和推出一大批反映中国特色的主体性、原创性、标志性哲学社会科学学术成果。

有组织承担国家重大科研任务。 北京大学锚定国家重大战略方向和关键技术领域,加快推动重大科研任务从基础研究、关键技术、装备研制、成果转化到产业化的全链条设计和联合攻关,增强重点核心技术的创新动力供给,有效地将科技势能转变为经济动能。

2017年至今,北京大学共获批国家重点研发计划重点专项项目168项(含国际科技创新合作重点专项项目24项),项目总经费316亿元,居全国前列;共获批国家自然科学基金基础科学中心项目5项、重大项目58项、国家重大科研仪器研制项目20项、重点项目144项、重点国际(地区)合作研究项目16项、重大研究计划135项、创新研究群体项目14项(含延续资助2项)、国家杰出青年科学基金90项,优秀青年科学基金67项,获批直接费用总额超过38亿元,位居全国高校首位。

哲学社会科学领域,北京大学着力加强智库建设,服务国家战略需求与经济社会发展进步。2020年创办《北京大学智库要报》,打造首个学校层面汇聚智库典型成果、直报中央及其他政府部门的内部连续性刊物。国家发展研究院长期关注金融体系建设、发展理论与实践、农村土地问题、资本市场发展、医疗改革、健康老龄化、数字经济等改革开放进程中的重大问题,多项研究成果被决策部门采纳,产生了一批有影响力的政策建议。北京大学首都发展研究院推出《首都发展报告》《京津冀协同创新指数》等报告,面向全校设立"北京大学首都高端智库课题(年度课题)""北京大学首都高端智库年度重点课题",在首都圈发展、中国特色世界城市建设、京津冀协同发展、河北雄安新区建设等领域开展了诸多研究咨询工作。

有组织强化重点创新基地建设。 北京大学围绕国家战略需求和重点攻关任务,加强定向培育布局,将基地发展由学科导向调整为国家需求导向和问题导向,加大对"临床医学+X""碳达峰碳中和""数智化+""数字与人文"等重大交叉领域的支持力度,激发科研新范式,强化实体化建设,通过加强创新链布局、整合科研力量、拓展产学研合作,实现由内到外的交叉融合与协同创新。

2022年11月,首个由北大作为法人单位承建的国家重大科技基础设施——多模态跨尺度生物医学成像设施在怀柔科学城竣工,这项设施将在加强关键核心技术突破攻坚、实现高水平科技自立自强、汇集优秀科技人才队伍等方面发挥重要作用。

近年来,北京大学大力推动以多模态跨尺度生物医学成像设施为代表的国家重大基础科学设施建设。获批"北京激光加速创新中心""轻元素量子材料交叉平台"两个怀柔综合性国家科学中心协同创新交叉研究平台项目。建成电子显微镜实验室、分析测试中心、核磁共振中心、实验动物中心、微纳加工实验室、液氮中心、高性能计算平台和环境全要素分析测试平台等8个校级大型仪器设备公共平台,建成以高通量测序平台和冷冻电镜平台为代表的一批专业大型仪器设备平台。

目前,北京大学打造了系统化、多层次的创新平台。在集成电路、纳光电子、塞罕坝生态系统、口腔医学等领域方向新认定11个国家级平台;推动国家重点实验室重组和实体化建设,学校现有国家级科研创新基地37个、省部级重点实验室和工程中心120个、教育部人文社科重点研究基地12个、教育部哲学社会科学实验室1个(首批),为取得重点领域创新突破提供了有力支撑。

有组织建强国家战略人才队伍。北京大学关注"高精尖缺"科技领域人才问题,强调在科研实践中挖掘、培养和造就一批战略科学家和科技领军人才队伍,并加大引进力度,吸引了一批世界顶尖学者加入北大科研队伍,形成以领军人才为龙头、高水平团队为支撑的科技攻关格局。

在《自然》公布的"2022年度十大人物"中,北京大学生物医学前沿创新中心副研究员曹云龙,因"帮助追踪新冠病毒的演化并预测了导致新变异株产生的部分突变"入选。当前,他和谢晓亮院士的课题组正致力于研制具有广谱保护力的抗体药物。以谢晓亮、曹云龙为代表的一批战略科学家和卓越青年科学家,正是北京大学创造有利平台和条件,加大海外顶尖人才引进力度,在重大科研攻关任务实践中涌现出的科技领军人才。

近年来,北京大学提供全流程精准服务,打造人才成长服务全链条,让顶尖学者在科研攻关布局、凝练重大科研方向、组建大科研团队等工作中更好发挥战略引领作用,帮助更多青年科研人员通过承担国家重大人才项目迅速成长,形成领军人才和战略科学家成长梯队,突出基础研究主力军和重大科技突破生力军的重要作用,努力建成汇聚前沿科技领域战略科学家、哲学社会科学领军人才、卓越工程师等拔尖人才的重要基地。同时着力提升学术管理服务质量,优化学术评价体系,完善分类学术评价制度;实施科研"精准管理",切实减轻科研人员负担;弘扬科学家精神,营造潜心研究、崇尚创新、严谨求实、诚实守信的学术氛围。

当前,新一轮科技革命和产业变革突飞猛进,科学研究范式正在发生深刻变革。北大将充分发挥基础研究深厚、学科交叉融合的优势,建设国家战略科技力量,助力高水平科技自立自强,建构中国自主的知识体系,努力成为基础研究的主力军和重大科技突破的生力军。

七、党和国家重大活动中的北大师生

世界上不乏建校几百年的学校,但从来没有一所大学,能够像北大这样,与国家、民族同呼吸共命运。在125年的历史进程中,北京大学多次在民族危亡之时扛起兴学图强、培育栋梁的重任,在民族复兴的史册上镌刻下"爱国、进步、民主、科学"的奋斗篇章,在国家现代化建设中发挥了重要的先锋作用。这种"使中国向着好的、往上的道路走"的精神底蕴,引领着一代代北大青年在他们所处的时代条件下谋划人生、创造历史。

党和国家的重大历史时刻,北大人从未缺席。近年来,北京大学紧抓党和国家重大事件节点,以重大任务、重要活动为思政教育黄金窗口期,把爱国主义教育融入其中,办好思政大课,引领广大青年爱国明志,坚定为国求学的信念,自觉将北大人的家国情怀融进血液、化作行动。

2022年北京冬奥会和冬残奥会北京大学志愿者出征仪式

（图片来源：北京大学团委）

（一）再次喊响"团结起来，振兴中华"

2019年10月1日，中华人民共和国成立70周年庆典活动隆重举行。在上午举行的阅兵式和群众游行中，2000余名北大师生组成"凝心铸魂"方阵，在天安门前再次喊响"团结起来，振兴中华"的口号。整齐的阵容、欢呼雀跃的身影、昂扬向上的精神面貌，不仅反映出为祖国庆生的饱满热情，还展示着新青年们逐梦新时代、奋斗正当时的理想信念。

北京大学师生近3000人参与了国庆70周年系列活动群众游行、广场合唱、广场联欢以及志愿服务工作，圆满完成了党和国家交给北大的光荣任务，向世界展现了当代北大青年积极向上的精神风貌。

在方阵之外，还有许多北大人一起喊响了这句口号。他们当中，就有373位默默奉献的志愿者身影。身着蓝白工作服的他们成为国庆系列活动一道亮丽的风景线。

9月23日至29日，庆祝中华人民共和国成立70周年大型成就展在北京展览馆开展。200名身着志愿者服装的北大学子，作为大型成就展开幕后首批志愿者和首批正式上岗的北大师生,开启了国庆系列活动志愿服务的序幕。

10月1日当天,27名北大志愿者分布在观礼台上的各个区域,负责护送观礼嘉宾顺利登台落座,提供最为及时的帮助,更承担着调动台上观众情绪、适时讲解等重要任务。

观礼台周围有151名北大志愿者参与到服务工作中。他们有的是观礼台下的服务者,有的是北侧观礼台上的医疗志愿者,还有的是劳动人民文化宫内的引导者……志愿者们分布在各个服务点位,为嘉宾顺畅通行观礼提供保障,为前来观展的游客提供细致周到的服务。

离天安门最远的22个远端集结疏散志愿者也肩负着光荣而重大的责任——保障2000多名北大的群众游行成员和合唱队员顺利乘上地铁,前往长安街。

从6月23日北京大学志愿者招募选拔工作正式启动,到10月1日志愿者们圆满完成任务的100多天时间,凝结了北大志愿者们"以青春奉献之我,献礼最爱的国"的奉献精神、服务精神。正如学校对参与中华人民共和国成立70周年庆祝活动服务保障工作全体师生进行表彰的决定中所说,"在重大活动中,全体师生团结一心、砥砺奋进,弘扬爱国、进步、民主、科学的光荣传统,充分展现北大人昂扬向上的精神、一往无前的决心与深厚的家国情怀,得到上级单位的高度肯定,为学校赢得荣誉"。

70周年国庆期间,北京大学还举办了一系列庆祝活动,将庆祝新中国成立70周年与开展"不忘初心、牢记使命"主题教育结合起来,与推动中国特色世界一流大学建设结合起来,积极营造共庆祖国华诞、共享伟大荣光、共铸复兴伟业的浓厚氛围,激发广大师生把爱国奉献精神转化为实际行动,争做新时代的追梦者和圆梦人。

(二)"请党放心,强国有我"

百年初心历久弥坚,百年征程波澜壮阔。2021年6月28日晚,庆祝中国共产党成立100周年文艺演出《伟大征程》在国家体育场举行。7月

1日上午,庆祝中国共产党成立100周年大会在北京天安门广场隆重举行,中共中央总书记、国家主席、中央军委主席习近平出席大会并发表重要讲话。

北京大学共有37个院系的1041名师生光荣参加了天安门广场的庆祝大会和鸟巢的文艺演出。他们以最忠诚的信仰、最饱满的热情、最昂扬的斗志、最动人的风采、最良好的状态出现在活动现场,描画了新时代北大青年的群像,为庆祝大会和文艺演出的隆重、热烈、胜利举办贡献力量,向党的百年华诞献上北大人最诚挚的祝福。

在天安门广场庆祝大会上的合唱方阵中,73名北大学子用嘹亮深情的歌声向伟大的党献礼。《唱支山歌给党听》《我们是共产主义接班人》《没有共产党就没有新中国》等暖场歌曲,让清晨的天安门广场萦绕着蓬勃的青春朝气,一曲《歌唱祖国》为庆祝大会画上圆满的句号。

20名北大学子参加了广场献词方阵。"奋斗正青春,青春献给党!""请党放心,强国有我!"新时代北大青年誓言铿锵,说出了永远跟党走的虔诚心声、赓续共产党人精神血脉的斗志昂扬。

庆祝大会当天,北京大学410名天安门广场志愿者、95名鸟巢志愿者全身心投入,面貌昂扬,在导引场、在急救处、在观赏台、在交通指挥中心,以热情真诚展现出北大风采,用无私奉献诠释着志愿精神。

260多名北大师生参加了大型情景史诗《伟大征程》的文艺演出。《党旗在我心中》节目领舞、体育教研部教师秦朗面对演出现场突降的暴雨,毫不退缩,以更加坚定的信念和更加昂扬的斗志,全情投入完成了演出。两百多名学生圆满完成了文艺演出中的合唱表演,用歌声献上北大青年对中国共产党百年华诞的真挚祝福。正如文艺演出合唱团成员、软件与微电子学院2020级硕士研究生秦源泽所说:"260名合唱团成员用行动证明了北大人的担当,努力不负时代,不负韶华,不负党和人民的殷切期望。"

一百多年来,北京大学始终与党同心、同向、同行。"党的历史是最生动、最有说服力的教科书。"根据中央统一部署,北京大学于2021年全面开展党史学习教育,系统深入学习百年党史,精心组织实施、有力有序推进,广大党员干部和全体师生受到了一次全面深刻的政治教育、思想淬炼、精神洗礼。

(三)"冰新一代"青春群像

2022年北京冬奥会和冬残奥会,北京大学1600多名师生、医护人员参与志愿服务和医疗保障工作,总人数居高校之首,多项高科技成果助力科技冬奥、绿色冬奥,践行了"胸怀大局、自信开放、迎难而上、追求卓越、共创未来"的北京冬奥精神,塑造了北大"冰新一代"青春群像,展现了新时代北大人的风采。

在志愿服务工作当中,校内28家职能部门成立8个工作组,组织保障630名北大志愿者、57名冬奥赛时实习生、15名开幕式演出人员在北京、延庆、张家口两地三赛区的8个重要场馆完成了近200场比赛的保障任务,以扎实的专业技术能力和全心全意的奉献精神,守护了冰雪梦想,赢得了冬奥之赞。团队推出140余篇系列新闻稿件、35项主题教育视频、25万字的《我的冬奥日记》等书籍,引发热烈反响;人民日报、光明日报、新华社等主流媒体专题报道北大"冰新一代"110余篇,中央电视台、北京电视台10余次播放北大冬奥志愿者专题节目,形成了良好的社会舆论和新闻报道的正向引导效应。

在医疗保障方面,8家北大在京医院——第一医院、人民医院、第三医院、口腔医院、第六医院、首钢医院、国际医院和肿瘤医院派出了902名医疗服务保障人员参与冬奥医疗保障工作,6家附属医院成为冬奥保障定点医院。冬奥期间,北大医学作为全国唯一参与北京、延庆、张家口全部三个冬奥赛区的医疗保障单位,以完备的救治体系、丰富的医疗保障经验为冬奥提供了全方位、高效、及时的医疗保障。北大医学人用高度的职业素养和敬业精神书写了"大国医疗"的中国力量和中国自信,为北大医学、为祖国赢得了荣誉。冬奥、冬残奥医疗保障工作还推动了京津冀区域医疗协同和均衡发展,也为北大医学未来高质量发展打下了坚实基础。

北大师生还为打造科技冬奥、绿色冬奥、全民冬奥做出了贡献。如工学院张信荣教授研发大型跨临界二氧化碳制冷核心技术,为北京冬奥会制冰造雪提供了坚实保障,助力打造"冬奥历史上最快的一块冰"。该技术在冬奥会后还应用于北京部分商超冷库,助力能源节约。北京大学信息科学技术学院陈宝权教授牵头研发的"冰雪项目交互式多维度观赛体验技术与系统",可以让观众自主选择观赛视角,身临其境地体验冰雪比赛的速度与激情。此外,北京2022年冬奥会和冬残奥会设计专用字体由北京大学中国文字字体设计与研究中心参与设计,体育教研部多位老师担任了部分比赛的赛段长、技术人员等。

全体北大师生用实际行动完成了党和国家交给北大的这项重大政治任务,收到了来自北京冬奥组委、北京冰立方场馆、共青团北京市委、奥林匹克大家庭等23个单位发来的感谢信。北京大学冬奥志愿服务团队、北京大学第三医院崇礼院区、北京大学第三医院三个集体荣获北京冬奥会、冬残奥会"突出贡献集体"称号。

八、抗击新冠疫情的先锋队

2019年年末,一场突如其来的新冠肺炎疫情打破了人们正常的生活节奏。面对危机,举国上下迅速打响疫情防控的人民战争,取得了全国抗疫斗争重大战略成果。"在这场同严重疫情的殊死较量中,中国人民和中华民族以敢于斗争、敢于胜利的大无畏气概,铸就了生命至上、举国同心、舍生忘死、尊重科学、命运与共的伟大抗疫精神。"2020年9月8日,在全国抗击新冠肺炎疫情表彰大会上,习近平总书记用5个铿锵有力的词语总结了伟大的抗疫精神。北大人以实际行动有力践行了伟大的抗疫精神,也诠释着"爱国、进步、民主、科学"的北大精神。全体师生和医护人员不畏艰险、冲锋在前,在做好日常工作学习的同时,积极投身于抗疫工作一线,为抗疫做出了重要贡献,展现了新时代北大人的风采。

"在这次新冠肺炎疫情防控斗争中,军地广大医务工作者冲锋在前、英勇奋战,用行动诠释了白衣天使救死扶伤的崇高精神。"习近平总书记在2020年2月21日给北京大学首钢医院的西藏大学医学院实习生的回信中,给予广大一线医务工作者极高的评价。

从2020年1月26日开始,北京大学先后派出454名医护人员奔赴湖北抗疫前线。这是从数千名踊跃报名人员中层层筛选出来的,以重症医学、呼吸医学和感染医学专业为主的一支专业队伍。在两个多月的日夜奋战中,454名医护人员以精湛的技术、医者的大爱精神竭尽全力抢救了众多患者生命,为打赢"湖北保卫战"做出了重要贡献。党旗所指,就是冲锋所向。援鄂期间,北大各附属医院纷纷成立前线临时党组织,充分发挥党支部战斗堡垒作用,把党旗插在抗疫最前线。在救治患者的过程中,党支部、党员干部发挥了关键作用。开辟第一个收治新冠肺炎患者的病房、接收第一位新冠肺炎患者、完成第一例鼻咽拭子标本采集、第一批进入隔离病房开展救治、第一个为重症病人插管……党员干部不顾危险"抢着上",在冲锋陷阵中身先士卒。人民医院呼吸内科党支部书记暴婧让同事在自己的防护服上不写姓名,只写下"不怕"两个字,让所有看到她的同事、患者都能"脚下有力量、心中有希望"。在一大批党员先锋模范作用的引领下,医疗队员深受鼓舞,在抗击疫情第一线纷纷向党组织递交入党申请书。人民医院第一批医疗队队长张柳在入党申请书中写下这些话:"共产党人的传统和历史告诉我们,哪里有问题,哪里就有共产党人;哪里有困难,哪里就有共产党人……作为一名一线的重症医师,特别想申请入党!特别想向最优秀最能奋斗的人学习和靠拢!"

2020年3月15日,习近平总书记在给北京大学援鄂医疗队全体"90后"党员的回信中,对抗疫前线的青年一代给予高度肯定并寄予厚望:"你们青年人同在一线英勇奋战的广大疫情防控人员一道,不畏艰险、冲锋在前、舍生忘死,彰显了青春的蓬勃力量,交出了合格答卷。广大青年用行动证明,新时代的中国青年是好样的,是堪当大任的!"在这场没有硝烟的战斗中,北大青年脱颖而出,他们不畏艰险、勇挑重担,书写了新时代中国年轻一代继承和发扬五四精神的崭新篇章。

2020年3月1日,北京大学援鄂医疗队在抗疫前线重温入党誓词

(图片来源:北京大学档案馆、校史馆)

研当以报效国家为己任,学必以服务人民为荣光。在与疫情的战斗中,北大师生积极开展科研攻关,用知识与技能为疫情防治取得胜利提供支持。北京大学生物医学前沿创新中心谢晓亮、北京昌平实验室曹云龙等科研团队,用高通量单细胞测序找到新冠肺炎多种全人源抗体,并前瞻性地对病毒未来突变演化方向进行了预测,为广谱疫苗和抗体药物的设计与研发提供了宝贵的理论与数据支持。信息科学技术学院王腾蛟教授、陈薇副研究员领导的科研团队成功研制开发了多源大数据疫情防控研判系统,为管理部门决策提供科学依据。公共卫生学院郑志杰教授等在世界卫生大会及世卫执委会上为使团和国内提供第一手信息,为中国代表团表达、维护中国立场提供咨询建议。北医三院利用信息管理和大数据优势,在医疗服务相关APP上增加防控功能,帮助用户掌握最准确最权威的信息。北大六院积极开展线上心理疏导工作,满足一线医务人员和居家人员的心理健康需求。一些老师还编写疫情防治相关科普书籍、文章,帮助公众提高防治疫情的能力。

疫情期间，广大教师依托校内网络学习空间和在线课程平台，利用慕课和各类优质在线课程教学资源，因课制宜采取直播授课、录播授课、慕课授课、研讨授课、智慧教室授课等多种方式，方便学生灵活自主地学习。更有一些老师对线上教学规律做了细致、严谨的研究，他们探索适合不同课程特点的教学方式，运用先进的技术手段，确保学生获得最好的学习体验。信息科学技术学院陈江、体育教研部彭芳等老师被同学们亲切称为"网红主播"。历史学系阎步克老师因疫情影响暂无法回国，跨越13小时时差、14000公里"隔空"为同学们上课。尺寸屏幕之间，他们不仅传授着知识，更传递着北大教师立德树人的初心与教书育人的本色。

"火线"之外的北大青年学子在这场"人民战争"中也成长起来。北大上千医科学生奋战在流行病调查、数据统计等抗疫岗位，很多同学主动加入志愿服务队伍，有的在自家小区承担疫情防控工作，有的发挥专业所长加入防疫翻译工作组，有的承担家乡当地物资及信息对接工作，有的到中国疾病预防控制中心协助数据分析，他们用所学知识在抗疫战线上贡献着青春力量。

随着新冠肺炎疫情波及全球，师生和校友们也积极行动起来，以各种方式助力全球抗击疫情，"守护同一个世界"。北大国际组织的校友联合多方力量，向疫情严重国家的合作伙伴捐赠防疫物资，积极分享在疫情防控方面的最新研究成果和有益经验。医学部专家在病毒学、公共卫生学、药学等领域开展研究，并与全球众多知名大学和机构共同构建了"全球顶级专家抗击新冠病毒肺炎联盟"，积极推动全球公共卫生领域的合作。外国语学院师生参照国内一系列疫情防控指导性文献，汇编成《抗击新冠疫情资料汇编（阿拉伯文版）》，以便广大阿拉伯国家的政府和民众了解、借鉴中国经验，彰显了国际担当。学校还多次通过视频与东京大学、开罗大学等国外高校分享线上教学和医学研究经验。

在战"疫"前线，有从"50后"到"90后"的北大医务工作者以"医者仁心"的无私精神为全国人民的生命安全和身体健康保驾护航；在后方，则是北大师生按照中央和上级决策部署，扎实做好北大疫情防控和线上教学科研工作。这里面有太多的故事有待记录,有太多的精神值得书写。以钟南山为代表的"国士精神",医护人员舍生忘死、逆行而上的"医者精神",坚持"上课是天大的事"、全力做好线上教学的"师者精神",新一代青年的"担当精神"……尽管对这些精神的描述不同,但其体现的"爱国、进步、民主、科学"的内核却是一致的。

为抓好常态化疫情防控工作,学校上下始终绷紧思想之弦,积极筑牢防疫屏障,保障师生的生命健康安全。学校组织师生有序开展了新冠病毒疫苗接种工作,各附属医院积极承担全国及北京市疫情防控各项任务,组织了多支医疗队,对北京区县等多个社区和单位进行新冠肺炎病毒疫苗接种、核酸检测。用挚爱护苍生,师生协力构筑起守护健康生命的铜墙铁壁。

习近平总书记在全国抗击新冠肺炎疫情表彰大会上指出:"我们要在全社会大力弘扬伟大抗疫精神,使之转化为全面建设社会主义现代化国家、实现中华民族伟大复兴的强大力量。"[①]战"疫"各条战线上北大人的先进事迹、感人故事正是这种精神的真实写照。这种精神也深深融入北大人的血脉之中,转化为北大师生干事创业永攀高峰的新动能,在"双一流"建设的新征程中,在服务国家经济社会发展的过程中,将继续展现北大人爱国奉献、勇担使命的风采。

九、召开第十四次党代会,开启改革发展新篇章

2022年7月31日上午,北京大学百周年纪念讲堂内雄伟庄严、气氛热烈,主席台上方悬挂着"中国共产党北京大学第十四次党员代表大会"的会标,由镰刀和锤头组成的中国共产党党徽在十面红旗映衬下熠熠生辉。"扎根中国大地,奋进时代征程,加快中国特色世界一流大学建设步

---

① 林振义.用伟大抗疫精神凝聚民族奋进伟力[N].人民日报,2020-09-15(9).

伐"的条幅悬挂在二楼眺台上——这是中国共产党北京大学第十四次党员代表大会开幕式的现场。

第十四次党代会是在我国开启全面建设社会主义现代化国家新征程,在全市人民深入学习贯彻北京市第十三次党代会精神,在学校以实际行动迎接党的二十大胜利召开的关键时刻召开的一次重要会议。以这次党代会为契机,全校师生员工更加深刻地领悟"两个确立"的决定性意义,坚决把思想和行动统一到习近平总书记重要讲话精神上来,统一到党中央决策部署上来。大会对于北大奋力谱写建设中国特色世界一流大学新篇章,更好服务首都发展和国家战略,为中华民族伟大复兴做出新的贡献,具有重大而深远的意义。

大会的主题是:坚持以习近平新时代中国特色社会主义思想为指引,深入贯彻落实习近平总书记关于教育和北大工作的重要论述精神,赓续北大红色血脉,坚持守正创新,扎根中国大地,奋进时代征程,加快中国特色世界一流大学建设步伐,为全面建设社会主义现代化国家而努力奋斗。大会讨论并通过了郝平同志代表中国共产党北京大学第十三届委员会所作的工作报告、北京大学纪委工作报告,选举产生了新一届中共北京大学委员会和中共北京大学纪律检查委员会。

出席大会的领导嘉宾有时任中共中央政治局委员、北京市委书记蔡奇,北京市委原副书记、中央党校原常务副校长、北京大学党委原书记汪家镠,教育部党组成员、副部长孙尧,科技部党组成员、副部长、国家外国专家局局长李萌,人民日报社副总编辑崔士鑫,新华社党组成员、副社长张宿堂,中央广播电视总台党组成员、副台长王晓真,北京市委常委、教育工委书记夏林茂,北京市委常委、秘书长赵磊等。应邀出席本次大会的还有清华大学党委书记邱勇、中国人民大学党委书记张东刚、北京师范大学党委书记程建平、中国农业大学党委书记姜沛民、北京航空航天大学党委书记赵长禄、北京理工大学党委书记张军等 23 所兄弟院校的党政负责同志。

中国共产党北京大学第十四次党员代表大会现场

（图片来源：北京大学新闻网）

来自中央纪委、中央组织部、中央宣传部、教育部等中央和国家机关相关部门负责同志，北京市委、市政府相关部门，海淀区委、怀柔区委、密云区委的负责同志出席会议。学校历届老领导，学校十三届"两委"委员，全国人大代表、全国政协委员，民主党派、侨联主要负责人，无党派人士代表，以及在校师生代表、离退休老党员代表、校友代表等，应邀出席大会。大会还收到了83家兄弟院校及有关单位发来的贺信。

参加本次党代会的300名代表是从全校65个选举单位、30000余名党员中层层选拔出来的，具有广泛的代表性和先进性。代表中，教师和专业技术人员等一线代表占59.7%，各级领导干部代表占25.3%，学生代表占8%，离退休代表占7%，女性代表占48%，年龄在50岁以下的代表占54%。

蔡奇同志在讲话中指出，过去五年，北京大学持续深化综合改革，积极推进现代大学制度建设，坚持立足北京、服务北京、融入北京，为首都经济社会发展提供了强大智力支撑。他强调，要深入贯彻习近平总书记关于高等教育的重要论述，深入贯彻习近平总书记在北京大学考察时的重要讲话精神，立足"两个大局"，心怀"国之大者"，全面实施党的教育方针，持续推进"双一流"建设,努力在中国特色、世界一流大学建设上立标杆、作表率。蔡奇寄语北大青年师生,牢记初心使命,赓续红色血脉,在奋斗中释放青春激情、追逐青春理想,以青春之我、奋斗之我,在推进中华民族伟大复兴的历史进程中续写新篇章、再创新辉煌,以实际行动迎接党的二十大胜利召开。

教育部党组成员、副部长孙尧指出,学校第十三次党代会以来,北京大学全面贯彻党的教育方针,坚定社会主义办学方向,学校党的领导不断加强,立德树人成果丰硕,"双一流"建设成效显著,服务经济社会发展成绩突出,走出了一条新时代扎根中国大地、建设中国特色世界一流大学的新路,为高等教育事业和国家经济社会发展做出了重要贡献。北京大学是中国高校的标杆,更要有心怀"国之大者"的使命担当,有民族复兴舍我其谁的豪迈气概,把握大势,乘势而上,引领发展,为民族为国家为人民做出新的更大贡献。

北京大学党委书记郝平代表学校第十三届党委作题为《扎根中国大地,奋进时代征程,加快中国特色世界一流大学建设步伐》的工作报告。报告共分四个部分:接续奋斗进入世界一流大学行列的五年、在新征程上坚决扛起新的光荣使命、奋力谱写建设中国特色世界一流大学新篇章、持续推进新时代党的建设新的伟大工程。

郝平在报告中指出,党的十八大以来,在以习近平同志为核心的党中央坚强领导下,新时代的北大人发扬"爱国、进步、民主、科学"的光荣传统,全面贯彻党的教育方针,开创了党的建设和"双一流"建设新局面。学校第十三次党代会以来的五年,是北大一百二十多年发展历程中具有里程碑意义的五年。北大紧紧围绕总书记提出的三项基础性工作,坚持一年一个主题,推动学校各项事业欣欣向荣,在重要国际可比指标上达到世界一流水平,学校党委被党中央授予"全国先进基层党组织"称号。

郝平指出,五年来,我们不断加强党对学校的全面领导,确保党中央决策部署落地生根、开花结果,形成生动实践;坚定扛起管党治党主体责任,开辟党的建设新局面;坚持为党育人、为国育才,落实立德树人根本任务,培养了一批"德才均备、体魄健全"、堪当民族复兴重任的时代新人;坚持实施人才强校战略,建设了一支具有世界一流水平的高素质教师队伍;优化学科布局,建构中国自主的知识体系,发挥了重要的创新策源地作用;不断提升对经济社会发展的贡献度,有力助推高水平对外开放;坚持"北大医学"的理念,促进校本部和医学部深度融合,推动医学发展取得新突破;始终坚持以师生为本,全力推动学校发展成果惠及全体师生,确保师生获得感成色更足、幸福感更可持续。

郝平指出,今后五年,是在党的二十大精神指引下全面建设社会主义现代化国家的五年,是北大加快中国特色世界一流大学创建步伐、有力推动民族复兴进程的五年。我们要扛起新使命、奋进新征程,深入贯彻习近平总书记殷切嘱托,始终牢记"两个确立",坚决做到"两个维护";不断从百年党史、红色校史中汲取智慧和力量;准确把握新发展阶段、新发展理念、新发展格局对北大提出的时代要求;坚持科学的指导思想;锚定目标矢志奋斗,解放思想、综合施策、求真务实、久久为功,在中国特色世界一流大学建设方面展现更大担当和作为,为坚持以中国式现代化推进中华民族伟大复兴,做出北大的时代贡献。我们要持续深化综合改革,创新体制机制,扎实推进新一轮"双一流"建设,抓好八个方面重点工作:全面创新卓越人才培养体系,打造世界一流师资队伍,全力建设一流学科群,构建高水平科研创新体系,全方位推进开放办学,持续推进中国特色大学治理体系和治理能力现代化,建设新时代品质校园,大力提升资源配置效益,奋力谱写建设中国特色世界一流大学新篇章。

郝平强调,北大与党有着深厚历史渊源,抓好党的建设是办学治校的根本所在,党的建设与"双一流"建设是紧紧融为一体的。我们要全力做好迎接党的二十大胜利召开和学习宣传贯彻二十大精神工作,引导全校党员干部和师生员工坚决把思想和行动统一到党中央重大决策部署上来,全面贯彻落实新时代党的建设总要求,弘扬伟大建党精神,以党的自我革命引领建设中国特色世界一流大学,确保党始终是北大各项工作的坚强领导核心和最可靠的主心骨,坚决办好让党中央放心、让人民满意的大学。紧扣"两个维护"根本任务加强政治建设,不断提高政治判断力、政治领悟力、政治执行力;提升组织力,增强党组织政治功能;加强领导班子和干部队伍建设;推进全面从严治党向纵深发展;推动宣传思想工作高质量发展;扎实抓好安全稳定工作;强化统战群团工作,持续推进新时代党的建设新的伟大工程。

郝平最后强调,把北大建成中国特色世界一流大学,是民族复兴伟业的必然要求,是实现第二个百年奋斗目标的时代召唤。我们的使命无比光荣,责任无比重大!让我们更加紧密地团结在以习近平同志为核心的党中央周围,以更加优异的成绩、更加昂扬的姿态迎接党的二十大胜利召开,为实现中华民族伟大复兴再立新功、再谱新篇!

2022年8月1日下午,北京大学第十四次党代会选举大会和闭幕会举行,选举产生了中国共产党北京大学第十四届委员会和中国共产党北京大学第十四届纪律检查委员会,郝平致大会闭幕词。郝平等29人当选新一届校党委委员,顾涛等15人当选新一届纪委委员。随后召开了新一届党委委员第一次全体会议和新一届纪委委员第一次全体会议。中组部、北京市委组织部、市委教育工委有关同志到会指导。

十、在党的二十大精神指引下迈上新征程

2022年10月16日至22日,中国共产党第二十次全国代表大会胜利召开,吹响了迈向第二个百年奋斗目标的冲锋号,发出了加快建设中国特色世界一流大学的动员令。北京大学全体师生党员和干部坚持把党的二十大精神和习近平总书记关于高等教育以及北大工作的重要论述精神紧密结合起来,把学习宣传贯彻党的二十大精神作为贯穿全校各项工作的主线,全面贯彻党的教育方针,进一步落实好学校第十四次党代会的各项部署,加快建设中国特色世界一流大学。

全面学习传达,迅速掀起学习热潮。在党的二十大召开前,北大党委

作出系统部署,在全校上下营造了喜迎二十大的浓厚氛围。党的二十大胜利开幕后,全校上下迅速掀起了学习贯彻大会精神的热潮。10月16日上午,校领导班子成员,全校80余个院系、职能部门、直属附属单位组织集体收看党的二十大开幕会,通过网络、电视等渠道认真聆听和学习党的二十大报告,实现34000多名师生党员全覆盖。充分发挥设立在系所、研究中心、实验室、教研室、年级、班级、野外实习基地、社团等各类机构的党团组织作用,实现燕园校区、学院路校区、昌平新校区、大兴校区、万柳学区、深圳研究生院等多地联动学习,以各类形式开展交流研讨,深入学习领会大会精神。在大会召开期间,各单位继续紧密结合大会报告的重要部署和本学科、本领域实际,开展了持续深入的学习研讨,在努力学深悟透、切实用二十大精神指导党的建设和"双一流"建设上取得了积极成效。

  10月24日下午,北大举行全校学习传达党的二十大精神大会,学校各方面代表千余人在线上线下共同参会,校党委书记郝平主持会议并就深入学习贯彻党的二十大精神进行部署,党的二十大代表、二十届中央候补委员、校长龚旗煌传达党的二十大精神。11月10日,举行学习贯彻党的二十大精神中央宣讲团报告会,中央宣讲团成员、中央财经委员会办公室副主任尹艳林作宣讲报告。12月27日,校党委理论学习中心组以"深入学习贯彻党的二十大精神和习近平总书记重要讲话精神,继承和发扬党的优良革命传统和作风,弘扬延安精神"为主题进行专题学习。全校累计举行200多场学习研讨会,《人民日报》、新华社、中央电视台、《光明日报》等中央媒体均对我校学习贯彻情况进行报道。其中,10月31日,《光明日报》第5版("红船初心"专刊)整版报道了北京大学师生深入学习贯彻党的二十大精神的实践和思考。

2022年10月24日,北京大学召开学习传达党的二十大精神大会

(图片来源:北京大学融媒体中心)

发挥学科优势,深入推进研究阐释。"高校要切实履行好学习研究宣传党的创新理论的使命任务,不断推动学校思想政治工作改革创新,增强党的创新理论学习宣传的感召力、凝聚力、影响力,让党的二十大精神在广大师生中落地生根、开花结果。"①北京大学习近平新时代中国特色社会主义思想研究院院长王浦劬在《人民日报》发表的文章中如是说。

北大党委宣传部邀请全校各学科专家学者,撰写并发表了阐释党的二十大精神的理论文章230余篇,举办"全面建设社会主义现代化国家学术研讨会"等各类宣讲会、理论研讨会、座谈会240余场,还约请阎凤桥等16位北大教授,分专题录制"党的二十大精神十六讲",对党的二十大精神进行深入解读。

北京大学习近平新时代中国特色社会主义思想研究院推进"新时代中国特色社会主义理论与实践丛书"的编撰和出版工作,将研究阐释党的二十大精神推向新的学术高度。经济学院推出"经济改革与发展专题"课

---

① 王浦劬.坚持不懈用党的创新理论凝心铸魂:推动党的二十大精神在校园落地生根[N].人民日报,2023-01-16(9).

程,紧扣政治经济学知识分析我国新阶段、新理念、新格局的重大战略部署,引导学生深刻领悟党的二十大报告勾勒出的宏伟蓝图。

创新形式载体,不断增强学习成效。通过党委理论学习中心组、主题党团日、干部培训、党员发展培训、新媒体平台等多种形式和渠道,推动党的二十大精神进学术、进学科、进课程、进培训、进读本、进头脑,完善学习贯彻长效机制。

第一时间上线专题网站,设置"总书记走过的校园""改革发展成果一览""奋进新征程 建功新时代"等特色栏目,累计发布相关新闻250余篇。举办"喜庆二十大 奋进新时代——北京大学改革发展十年成果图片展",对学校近十年来发展建设的重要时间节点和重大事件,以及特色亮点工作进行了梳理展陈,吸引了近万人次观展,百余个党团支部在展厅举行主题党团日活动,展览成为北大师生迎接和庆祝党的二十大胜利召开、深入学习贯彻落实党的二十大精神的生动素材。

与国家大剧院联合举办第二届"北京大学·国家大剧院艺术周""荣光与梦想"主旋律音乐会,进一步营造了团结一心跟党走的良好氛围。举办干部研讨班、中青年骨干研修班、年轻干部提升班、教师党支部书记"双带头人"培训示范班、"新时代国家发展与党的建设"专题研讨班等集中培训,塑造了一批学习贯彻二十大精神的"先锋队""示范班"。

北大团委推出博士生讲师团宣讲党的二十大精神专题课程,机关党委开展党的二十大报告学习测试活动,多个院系与兄弟院校开展联学共建主题党日活动,北大博士生讲师团走进社区为居民宣讲党的二十大精神。学校各部门院系推出多种形式的学习活动,学习贯彻党的二十大精神的热潮在校园里涌动。

指引办学治校,研究制定落实方案。党的二十大报告作出了"以中国式现代化全面推进中华民族伟大复兴"的重大论断,习近平总书记特别强调,教育、科技、人才是全面建设社会主义现代化国家的基础性、战略性支撑,要深入实施科教兴国战略、人才强国战略、创新驱动发展战略,开辟发展新领域新赛道,不断塑造发展新动能新优势。这充分体现了以习近平同志为核心的党中央对教育、科技、人才的高度重视,对高等教育特别是高水平研究型大学提出了新任务新要求。北京大学是造就拔尖创新人才的摇篮、重要的国家战略科技力量、发展先进思想文化的重要阵地和高水平人才的集聚高地,在以中国式现代化全面推进中华民族伟大复兴的征程中肩负重任、大有可为。当前,北京大学发展的中心任务就是要在党的领导下,加快建设中国特色世界一流大学,主动服务和融入中国式现代化全局,为全面推进中华民族伟大复兴做出新贡献。

围绕党的二十大报告关于教育科技人才,特别是关于高等教育的重要部署论述,学校结合新一轮"双一流"建设规划和学校发展实际情况,制订了任务分解方案,在党的建设、立德树人、学科建设、科技创新、师资队伍建设等方面逐项细化任务举措,以党的二十大精神引领党的建设和"双一流"建设。北京大学全体师生党员干部将紧密围绕党中央作出的重大部署,抓住培养社会主义建设者和接班人这个根本,为党育人、为国育才,走好高水平人才自主培养之路,为党和国家输送更多德智体美劳全面发展的社会主义建设者和接班人;对接经济社会发展的重点领域,加强有组织的科研,创造更多前沿科技成果,为坚决打赢关键核心技术攻坚战贡献北大力量;贯彻落实中央人才工作会议精神,巩固和深化学校"人才战略年"成果,持续建设我国高校中的人才"第一梯队",有力服务世界重要人才中心和创新高地建设;加快完善中国特色哲学社会科学学科体系、学术体系、话语体系,深入探索和阐释中国式现代化道路,努力构建中国自主的知识体系,为全社会更加坚定"四个自信"贡献智慧和力量。

实现民族复兴是近代以来中国人民和中华民族最伟大的梦想,北京大学125年来的奋斗历程始终与这个梦想紧紧相连,秉持建设世界一流大学的初心和使命,在国家现代化建设中发挥了重要的先锋作用。当前,实现中华民族伟大复兴进入了不可逆转的历史进程,党和国家事业发展对高等教育的需要,对科学知识和优秀人才的需要,比以往任何时候都更为迫切。站在新的历史起点,面向新的时代征程,北京大学将牢记初心、践行使命,全面贯彻党的教育方针,落实立德树人根本任务,把科技第一生产力、人才第一资源、创新第一动力紧密结合起来,积极建构中国自主的知识体系,走出一条建设中国特色、世界一流大学的新路,办好人民满意的教育,全力服务科教兴国战略和中国式现代化建设,让中华民族伟大复兴在我们的奋斗中梦想成真!

后　记

2023年是北京大学建校125周年,也是党和国家启动创建世界一流大学的"985工程"25周年。自1898年创办以来,北京大学在追求一流、服务国家的征程上历经了一百多年的风雨沧桑,始终与民族复兴的伟大进程同心同向同行。特别是"985工程"启动以来,经过"双一流"建设的接续奋斗,北大在建设中国特色世界一流大学的道路上取得了新突破,为推动新时代党和国家高等教育事业发展做出了新贡献。历史是迈向未来的宝贵财富。我们编写《初心与追梦:建设世界一流大学的北大印记》一书,就是为了铭记办学初心,总结奋斗经验,弘扬光荣传统,面向复兴伟业,更好地扎根中国大地,奋进时代征程,为中国式现代化建设贡献北大力量。

本书按照时间脉络,将北京大学125年的奋斗历程划分为六个阶段,分别为:民族危亡中孕育的国立最高学府(1898—1911)、觉醒年代中的革新精神与红色基因(1912—1948)、投身社会主义建设的奋斗之路(1949—1978)、改革开放浪潮中的弄潮儿(1978—1998)、迈向新世纪的百年学府(1998—2012)、新时代迈向世界一流的新篇章(2012年至今)。我们选取了各个历史阶段的重大事件、重要活动、重要人物以及具有代表性的统计数据,以图文并茂的形式,展现不同历史时期北大人牢记初心、勇担使命、不懈奋斗、与国同行,不断超越、追求一流的奋进历程。

本书是集体合作的成果。校党委书记郝平和校长龚旗煌任主编,全体校领导任编委会成员,对编写工作给予指导;学校党委宣传部、党委政策研究室、档案馆、校史馆的相关同志协作编写了相关章节;北京大学出版社党委书记夏红卫、社长马建钧、总编辑汲传波,以及陈健、刘军、于娜等在本书出版过程中给予了有力帮助。在编写过程中,参阅了《北京大学纪事(1898—1997)》《北京大学史料》《北京大学与中国共产党:纪念中国共产党成立九十周年》《北京大学校史(1898—1949)》《北京大学校史馆展览导读》等党史、北大校史相关文献资料。相关历史照片多由北京大学党委宣传部、档案馆、校史馆提供,摄影师王文泉和王天天老师提供了支持。赵晨希、王琛、张鼎、卢俊妃、邓成、杨瑗瑄、刘璇、史瑀昕、邓阿莲、刘钊、王佳怡、何丽琼、苏中富、石泽航、邓凯夫、隋雪纯、吴纪阳等同学为本书编写和后期校对工作提供了很多帮助和支持。在此,向为本书出版付出努力的所有同志、同学表示衷心的感谢!向书中引用的所有参考文献的作者表示诚挚的谢意!

由于历史资料的搜集、考证工作难度较大,加之编者水平所限,虽经多次修改和校订,难免仍有疏漏或不当之处,恳请广大读者批评指正。

本书编委会
2023年3月